한 권으로 끝내는 초등영어 발음기호

KB188301

Happy House

한 권으로 끝내는 초등영어 발음기호
Phonetic Alphabet!

지은이 배진영
펴낸이 정규도
펴낸곳 Happy House

초판 1쇄 발행 2021년 5월 17일
초판 4쇄 발행 2024년 9월 6일

편집총괄 장의연
책임편집 유나래
디자인 하태호
전산편집 이현해
이미지 shutterstock

다락원 경기도 파주시 문발로 211
내용문의: (02)736-2031 내선 523
구입문의: (02)736-2031 내선 250~252
Fax: (02)732-2037
출판등록 1977년 9월 16일 제406-2008-000007호

ISBN 978-89-277-0139-2 63740

www.ihappyhouse.co.kr

Happy House는 다락원의 임프린트입니다.

파닉스로 못 읽는 영단어가 술술 읽혀요!

한 권으로 끝내는 초등영어 발음기호

Phonetic Alphabet!

배진영 지음

Happy House

발음기호가
얼마나 중요한지
알고 있나요?

발음기호가 뭐예요?

열심히 파닉스 공부를 했는데도 영어 단어가 읽기 힘들었던 적이 있나요? 또는 원어민 선생님이 읽어주는 영어 단어를 여러 번 들었는데도 어떻게 발음하는 건지 모르겠던 적이 있나요? 이런 친구들의 어려움을 해결해줄 수 있는 것이 바로 '영어 발음기호'입니다.

발음기호는 영어의 발음을 나타내는 소리를 기호로 만든 거예요. 사전에서 map이란 영어 단어를 찾았을 때 단어 옆에 [mæp] 또는 /mæp/처럼 [ ], / / 기호 안에 써 있는 것이 바로 발음기호입니다. 알파벳과 비슷하게 생겼지요. 이 발음기호를 어떻게 읽는지 알면 쉽고 정확하게 단어를 읽을 수 있어요.

왜 발음기호를 공부해야 하나요?

초급 수준의 단어를 공부할 때는 파닉스 규칙을 반복해서 듣고 연습하는 것도 좋지만, 영어에는 파닉스로 읽을 수 없는 예외적인 단어가 무척 많아요. 예를 들어, lettuce(상추)는 파닉스 규칙에 따라 읽으면 '레튜스'인데요, 실제 발음기호대로 읽으면 [létis(레티스)]가 돼요. 또, leopard(표범)은 '레오팔드'가 아니라 [lépərd(레펄드)]라고 발음해요. 영어는 글자와 발음이 일치하지 않는 경우가 많아서 잘못 읽기 쉬운데, 발음기호를 알면 빠르고 정확하게 단어를 읽을 수 있어요. 특히 길고 어려운 단어일수록 발음기호를 알아야 정확하게 읽을 수 있습니다.

어떻게 발음하는지 궁금할 때는 사전만 찾으면 발음기호를 보고 바로 정확한 발음을 알 수 있으니 무척 편리하죠. 발음기호를 알면 여러분은 영단어를 쉽고 정확하게 익힐 수 있는 멋진 무기를 갖게 되는 거예요.

어떻게 발음기호를 공부할까요?

이렇게 멋진 발음기호도, 따로따로 알아두면 큰 힘을 발휘할 수 없어요. 발음기호 하나하나는 잘 외우는데 발음기호끼리 합쳐졌을 때는 어떻게 읽어야 하는지 어려워하는 친구들이 많을 거예요. 그래서 이 책에서는 발음기호 하나하나를 한글로 바꾼 다음, 각 발음기호가 합쳐지면 어떻게 읽는지 가르쳐 줍니다. 먼저 각 발음기호의 소리를 자세히 익힌 후, 단어에서 어떻게 적용되는지 익혀 보세요.

이 책에서는 초등영어에서 꼭 알아야 할 필수 단어뿐 아니라, 더 높은 레벨의 예비 중학 단어까지 담았어요. 처음에는 쉬운 단어부터 시작해, 점점 길고 어려운 단어들도 읽을 수 있게 될 거예요. 이때 단어의 뜻보다는 소리에 집중해서 공부해 보세요. 함께 제공되는 MP3를 듣고 원어민의 발음을 따라 하는 과정을 두세 번 반복하다 보면 자연스레 정확한 발음을 익히게 될 거예요.

책으로만 발음을 공부하려니 너무 힘들죠? 그래서 혼자서 공부하기 힘든 친구들을 위한 동영상 강의도 있어요. 한국어에는 없는 발음이라 한글로 표기하기 어려운 발음도 강의에서 풀어 설명했으니, 귀에 쏙쏙 들어올 거예요. 영어 발음기호 읽기, 결코 어렵지 않아요! 친구들이 영어를 쉽고 정확하게 말할 수 있도록 제가 도와줄 테니까 너무 걱정하지 말고 따라오세요.

그럼 영어가 술술 읽히는 즐거움을 맛보러 출발해 볼까요?

배진영

책의 구성과 특징

PART 1   한눈에 보는 발음기호

발음기호가 어떻게 생겼는지, 어떤 소리를 가졌는지
기본적인 형태와 소리를 익혀요. 더 자세한 내용은 뒤
에서 배우니까 가볍게 읽어 보세요.

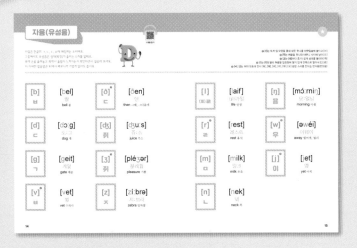

PART 2   자음 발음기호 익히기

22개의 자음 발음기호를 자세히 익혀요. [p]와 [b], [t]
와 [d]처럼 입에서 소리 나는 위치가 같거나 비슷한 발
음은 함께 묶었어요. pig[픽]-big[빅]처럼 발음을 서로
비교할 수 있어서 더 쉽게 기억할 수 있어요.

PART 3   모음 발음기호 익히기

자음보다 더 까다로운 모음 발음기호는 하나하나 자
세히 익혀요. 단모음(Unit 01~10)과 이중모음(Unit
11~15)을 먼저 익힌 다음, 마지막으로 [r]가 들어가는
모음 소리(Unit 16~22)를 공부해요.

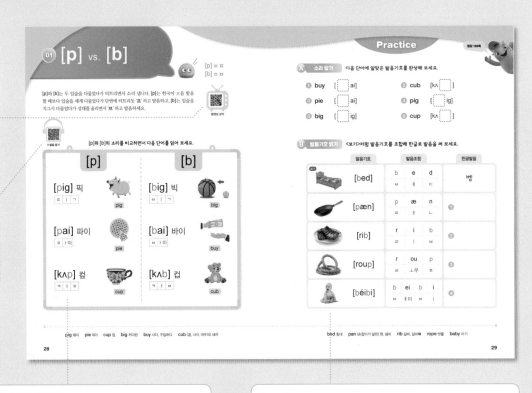

동영상 강의
귀에 쏙쏙! 엘리시아쌤이
또랑또랑한 목소리로 해
설해주는 발음 강의를 들
어요. 강의만 들어도 저절
로 공부가 돼요.

원어민 발음 듣기
QR코드를 찍고 원어민의
정확한 발음을 확인하세
요. 듣고 따라 하면 발음
실력이 쑥쑥 향상돼요.

발음기호 익히기
각 발음기호의 정확한 소리를 단어와 함께 익혀요.

Practice
학습한 발음기호를 제대로 익혔는지 문제를 풀어 확인해요.

도전! 긴 단어 읽기
앞에서 배운 발음기호를 활용해 긴 단어를 읽어봐요. 원어민 발음을 듣고 따라해 보세요.

도전! 문장 읽기
앞에서 배운 단어가 들어간 문장을 발음기호를 참고해 읽어봐요. 문장의 뜻보다는 발음에 신경 쓰면서 읽으세요.

PART 4 영단어 발음기호 연습하기

30개의 주제로 영단어를 나누어 발음기호 읽는 법을 연습해요. 과일, 가구, 자연 등 일상생활에서 많이 접하는 주제에서 단어를 뽑았어요. 파닉스만으로는 읽기 힘든 단어 위주로 뽑았으니, 발음기호를 보고 정확하게 읽어 보세요. QR 코드를 찍으면 원어민 발음도 바로 확인할 수 있어요.

Answer key (정답)

앞에서 풀어본 문제의 정답을 확인해요. 각 단어의 발음은 최대한 한국어 발음에 가깝게 표기했는데, 내가 쓴 발음이 정답과 조금 달라도 괜찮아요. 정확한 발음은 MP3를 듣고 원어민 발음을 확인해 보세요.

Part 1

한눈에 보는 발음기호

Part 2

자음 발음기호 익히기

Part 3

모음 발음기호 익히기

Part 4

영단어 발음기호 연습하기

PART 1

한눈에 보는 발음기호

알파벳 들여다보기

1 발음 듣기

한국어의 한글에 해당하는 영어 알파벳은 모두 26글자로 이루어져 있습니다. 쓰임에 따라 대문자와 소문자로 나뉘는데, 대문자는 문장 첫 글자, 사람과 나라, 달, 요일 이름의 첫 글자 등 특별히 강조할 때 써요. 아래 표를 보면서 각 알파벳의 형태와 이름을 확인해 보세요.

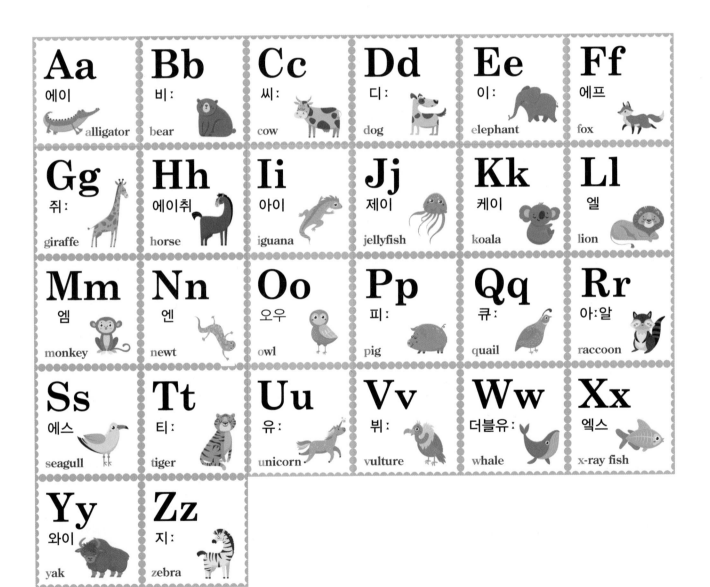

Aa 에이 alligator	Bb 비: bear	Cc 씨: cow	Dd 디: dog	Ee 이: elephant	Ff 에프 fox
Gg 쥐: giraffe	Hh 에이취 horse	Ii 아이 iguana	Jj 제이 jellyfish	Kk 케이 koala	Ll 엘 lion
Mm 엠 monkey	Nn 엔 newt	Oo 오우 owl	Pp 피: pig	Qq 큐: quail	Rr 아:알 raccoon
Ss 에스 seagull	Tt 티: tiger	Uu 유: unicorn	Vv 뷔: vulture	Ww 더블유: whale	Xx 엑스 x-ray fish
Yy 와이 yak	Zz 지: zebra				

■ 자음(한글의 ㄱ, ㄴ, ㄷ, ㄹ...)
■ 모음(한글의 ㅏ, ㅑ, ㅓ, ㅕ...)

발음기호 들여다보기

동영상 강의

2 발음 듣기

발음기호는 말소리를 나타내는 기호입니다. 알파벳 하나가 여러 소리를 가지고 있을 때도 있어서 26개인 알파벳보다 개수가 훨씬 많아요. 자음 소리를 나타내는 발음기호는 24개인데, 한국어에는 없는 소리도 있습니다. 모음 소리를 나타내는 발음기호는 나누는 방법에 따라 개수가 다양한데, 여기서는 사전에서 일반적으로 가장 많이 쓰는 20개를 소개합니다. 아래 표에서 [b]와 [v]는 모두 'ㅂ'으로 적혀 있지만, 진짜 소리는 달라요. 이런 소리들이 어떻게 다른지는 뒤에서 자세히 살펴볼게요.

[p]	[b]	[t]	[d]	[k]	[g]
ㅍ	ㅂ	ㅌ	ㄷ	ㅋ	ㄱ
[f]	[v]	[θ]	[ð]	[ʧ]	[ʤ]
ㅍ	ㅂ	ㄸ	ㄷ	취	쥐
[ʃ]	[ʒ]	[s]	[z]	[l]	[r]
쉬	쥐	ㅅ・ㅆ	ㅈ	(을)ㄹ	ㄹ
[m]	[n]	[ŋ]	[h]	[w]	[j]
ㅁ	ㄴ	응	ㅎ	우	이
[i]	[iː]	[u]	[uː]	[ɑ]	[ɑː]
이	이ː	우	우ː	아	아ː
[e]	[æ]	[ɔː]	[ʌ]	[ə]	[əː]
에	애	오ː	어	어	어ː
[ai]	[au]	[ei]	[ou]	[ɔi]	[ɛə]
아이	아우	에이	오우	오이	에어
[iə]	[uə]				
이어	우어				

🟦 자음
🟦 단모음(하나의 소리를 내는 모음)
🟦 이중모음(두 소리가 합쳐진 모음)

자음(유성음)

3 발음 듣기

자음은 한글의 ㄱ, ㄴ, ㄷ, ㄹ에 해당하는 소리예요.
그중에서도 유성음은 성대(목젖)가 울리는 소리를 말해요.
목에 손을 올려놓고 목에서 울림이 느껴지는지 확인하면서 발음해 보세요.
더 자세한 발음법은 뒤에서 배우니까 가볍게 읽어도 좋아요.

[b]
ㅂ

[bel]
벨
bell 종

[ð]❷
ㄷ

[ðen]
덴
then 그때, 그다음에

[d]
ㄷ

[dɔːg]
도ː그
dog 개

[ʤ]
쥐

[ʤuːs]
쥬ː스
juice 주스

[g]
ㄱ

[geit]
게읻
gate 대문

[ʒ]❸
쥐

[pléʒər]
플레줠
pleasure 기쁨

[v]❶
ㅂ

[vet]
벹
vet 수의사

[z]
ㅈ

[zíːbrə]
지ː브러
zebra 얼룩말

❶ [v]는 토끼 입 모양을 흉내 내듯 윗니를 아랫입술에 붙이고 [브]
❷ [ð]는 혀끝을 윗니와 아랫니 사이에 넣어 [드]
❸ [ʒ]는 [ʧ]보다 좀 더 길게 성대를 울리며 [쥐]
❹ [r]는 [l]와 달리 혀끝을 입천장에 닿지 않게 안쪽으로 말아서 [(으)르]
❺ [w], [j]는 뒤의 모음과 만나 [워], [웨], [위], [야], [유], [요] 같은 소리를 만드는 반자음(반모음)

[laif]
(을)라잎

life 인생

[mɔ́ːrniŋ]
모ː얼닝

morning 아침

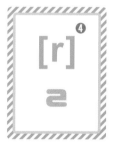

[rest]
레스트

rest 휴식

[əwéi]
어웨이

away 떨어져, 멀리

[milk]
밀크

milk 우유

[jet]
옡

yet 아직

[nek]
넥

neck 목

자음(무성음)

무성음은 유성음과는 반대로 성대(목젖)가 울리지 않는 소리입니다.
목에 손을 올려놓고 발음할 때 목에서 울림이 느껴지면 안 돼요.
목에 손을 올려놓고 발음해 보세요.

[pet]

펱

pet 애완동물

[faind]

파인드

find 찾다

[teik]

테익

take 가지고 가다

[θiŋ]

띵

thing 것, 사물

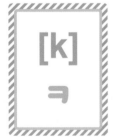

[kɔːst]

코ː스트

cost 가격, 비용

[tʃin]

췬

chin 턱

❶ [f]는 [p]와 달리 윗니를 아랫입술에 붙이고 [프]
❷ [θ]는 혀끝을 윗니와 아랫니 사이에 넣어서 [뜨]
❸ [ʧ], [ʃ]는 입술을 동그랗게 모은 후, 공기를 내보내며 [취], [쉬]

[ʃuː]
슈ː

shoe 신발

[h]
ㅎ

[help]
헬프

help 돕다

[send]
쎈드

send 보내다

더 알아두기 영어 자음에는 '으' 소리가 없다?

한국어에서는 ㄱ, ㄴ, ㄷ, ㄹ 같은 자음은 혼자서 소리를 낼 수 없죠. 그래서 영어를 발음할 때 [p]는 '프', [t]는 '트', [k]는 '크'라고 '으' 소리를 넣어서 발음하곤 합니다. 하지만 영어에서는 '으' 소리를 강하게 내지 말고 가볍게 끊어서 발음해야 합니다. 예를 들어 cake의 발음 기호는 [keik]인데, '케이크'처럼 '크' 소리를 강하게 내는 게 아니라, '케잌'처럼 끝소리를 끊어서 가볍게 발음하는 거죠. 마찬가지로 good은 '구드'가 아니라 '굳', week은 '위크'가 아니라 '윜'이라고 발음하죠.

모음(단모음)

5 발음 듣기

모음은 한국어의 ㅏ, ㅑ, ㅓ, ㅕ에 해당하는 소리입니다.
그중에서 단모음은 하나의 소리를 내는 모음을 말해요.
한국어에는 없는 소리도 많으니까 주의해서 발음하세요.

[a]
아

[ɑks]
악스
ox 황소

[ɑː] ❶
아ː

[hɑːrt]
하ː알트
heart 심장

[i]
이

[ʃip]
쉽
ship 배

[iː]
이ː

[iːt]
이ː트
eat 먹다

[u]
우

[put]
풋
put 놓다, 두다

[uː]
우ː

[suːn]
쑤ː운
soon 곧, 금방

[e]
에

[ʧest]
췌스트
chest 가슴

[æ] ❷
애

[læp]
랩
lap 무릎

❶ [ɑ:]와 [ə:]는 주로 뒤에 [r]와 함께 와서 [아:알], [어:얼] 소리를 만듭니다.
❷ [æ]는 [e]보다 입을 옆으로 더 벌리고 [애]
❸ [ɔ:]는 '오'와 '어'의 중간 소리
❹ [ə]는 힘 있게 발음하는 [ʌ]와 달리 입을 약간 벌려 힘을 빼고 약하게 [어]

[ɔ:]❸
오ˣ

[lɔ:n]
로ː온

lawn 잔디밭

[ə]❹
어

[əbáut]
어바웉

about ~에 대해

[ʌ]
어

[lʌk]
럭

luck 행운

[ə:]❶
어ˣ

[fə:r]
퍼ː얼

fur 털, 모피

더 알아두기   발음기호 위에 있는 점은 뭘까?

영어에서는 강세(소리의 세기)를 구분해요. 강세는 쉽게 말해 단어를 읽을 때 한 부분을 강하게 읽는 것을 말해요. 영어에서 강세를 살려 말하면 더욱 리듬감 있게 단어를 발음할 수 있어요. 강세는 모음 소리에 실리는데, 발음기호에서는 모음 위에 ´을 찍어서 강세가 어디에 있는지 알려줘요. 예를 들어 [létər]는 '레털'의 '레' 부분을 강하게 읽으라는 표시예요. '**레**털'처럼요. 두 번째로 강하게 읽을 부분은 `을 찍어서 알려주죠. 예를 들어 '어제'를 뜻하는 yesterday[jéstərdèi]는 '예' 부분을 제일 강하게, '데이' 부분을 두 번째로 강하게 읽으면 됩니다. '**예**스털**데이**'처럼요.

모음(이중모음)

이중모음은 두 모음이 합쳐진 소리를 말해요.
앞의 모음은 강하게, 뒤의 모음은 약하게 소리 내요.

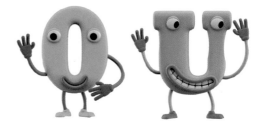

[ai]
아이

[lai]
라이
lie 거짓말

[ɔi]❶
오이

[ʤɔi]
조이
joy 기쁨

[au]
아우

[maus]
마우스
mouse 쥐

[ɛə]❷
에어

[stɛər]
스테얼
stair 계단

[ei]
에이

[lein]
레인
lane 차선

[iə]❷
이어

[diər]
디얼
dear 친애하는

[ou]
오우

[goust]
고우스트
ghost 유령

[uə]❷
우어

[tuər]
투얼
tour 관광, 여행

❶ [ɔi]에서 앞 소리 '오'는 '오'와 '어'의 중간 발음으로 소리 내며 '이'는 약하게 발음해 [오이]
❷ [ɛə], [iə], [uə]는 주로 뒤에 [r] 소리와 함께 나옵니다.

더 알아두기 음절이란?

영어의 음절을 알면 좀 더 원어민처럼 단어를 읽을 수 있어요. 음절(syllable)은 끊어 말하는 말소리의 단위를 말해요. 영어는 글자 한 개가 한 음절인 한국어와 달리, 모음 소리로 음절을 구분합니다. 발음기호 안에 있는 모음 소리가 하나면 1음절, 모음 소리가 두 개면 2음절이 되는 거죠. 하지만 [ai], [ei], [ou] 같은 이중모음은 두 개가 아닌 하나의 모음 소리로 봐요.

예를 들어 strike의 발음기호는 [straik]인데, 모음 소리는 이중모음인 [ai] 하나이므로 1음절 단어예요. 한국식으로는 '스-트-라-이-크'라고 5음절로 발음하지만, 영어에서는 한 번의 호흡으로 '스트라잌'이라고 읽어요.

또 다른 예를 들면 baby의 발음기호는 [béibi]인데, 모음 소리가 이중모음 [ei]와 단모음 [i] 두 개이므로 2음절 단어예요. 그래서 '베-이-비'라고 세 번 끊어 읽으면 안 되고, '베이-비'처럼 두 번 끊어 읽어야 합니다.

발음기호 합쳐서 읽는 법

7 발음 듣기

이 책에서는 각 자음과 모음의 발음기호 소리를 하나하나 한글로 나누어 쉽게 발음기호를 읽을 수 있도록 했어요.
어떻게 발음기호를 합쳐서 읽으면 되는지 기본적인 방법을 알아봅시다.

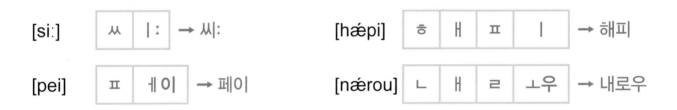

자음과 모음 소리를 합쳐서 읽어요

'ㅂ + ㅏ = 바'가 되듯 발음기호 역시 [b: ㅂ]와 [ɑ: ㅏ]가 만나면 [바]가 됩니다.
이중모음의 경우에는 'ㅏ우, ㅔ이, ㅗ이'처럼 표시했으니 앞에 나온 자음 소리와
합쳐서 읽으세요. 2음절 이상의 단어는 기본적으로 앞의 자음에 모음 소리를 붙
여 읽으세요.

[siː] | ㅆ | ㅣː | → 씨ː

[hæpi] | ㅎ | ㅐ | ㅍ | ㅣ | → 해피

[pei] | ㅍ | ㅔ이 | → 페이

[nærou] | ㄴ | ㅐ | ㄹ | ㅗ우 | → 내로우

모음 뒤에 오는 자음은 받침처럼 읽어요

모음 뒤에 오는 [d: ㄷ], [g: ㄱ], [t: ㅌ], [k: ㅋ] 같은 자음은 '으' 소리를 세게 내
지 말고 한국어의 받침처럼 읽으면 됩니다. 그래서 '네트'가 아니라 '넽', '라이크'
가 아니라 '라잌'처럼 발음해요. [ʧ: 취], [ʤ: 쥐], [s: ㅅ], [z: ㅈ]처럼 받침으로
발음하기 힘든 소리는 뒤에 약하게 덧붙인다는 느낌으로 읽으세요.

[net] | ㄴ | ㅔ | ㅌ | → 넽

[laik] | ㄹ | ㅏ이 | ㅋ | → 라잌

[riʧ] | ㄹ | ㅣ | 취 | → 리취

[pæs] | ㅍ | ㅐ | ㅅ | → 패스

★ 영어에는 한국어에 없는 발음도 많아서 한글로 표현하는 것은 한계가 있지만, 정확한 소리를 모르고 원어민 발음을 들으면 무슨 소리인지 알 수 없어요. 그래서 책을 보고 각 발음기호가 어떤 소리를 내는지 한글 표시를 보고 먼저 익힌 후, MP3를 들으면서 원어민의 정확한 발음을 확인하세요.

장음(ː) 표시는 길게 읽어요

길게 읽어야 하는 장음은 한글 모음 뒤에도 ː를 붙여 표시했습니다. 장음 뒤에 자음이 왔을 때는, '문'이 아니라 '무ː운'처럼 모음 소리를 길게 낸 후에 자음 소리를 넣어서 읽으면 돼요.

[zuː] | ㅈ | ㅜː | → 주ː

[niːd] | ㄴ | ㅣː | ㄷ | → 니ː드

[muːn] | ㅁ | ㅜː | ㄴ | → 무ː운

[mɔːl] | ㅁ | ㅗː | ㄹ | → 모ː올

'모음 +[r]' 발음은 묶어서 읽어요

단어 앞에 오는 [r]는 혀가 입천장에 닿지 않게 굴려 한국어의 ㄹ처럼 발음하지만, 모음 뒤에 [r]가 오면 소리가 조금 달라지기 때문에 신경 써서 발음해야 합니다. 모음과 [r]의 발음은 한데 묶었으니 함께 발음하세요.

[dínər] | ㄷ | ㅣ | ㄴ | 얼 | → 디널

[bəːrd] | ㅂ | ㅓː얼 | ㄷ | → 버ː얼드

[kɑːr] | ㅋ | ㅏː알 | → 카ː알

[fɛər] | ㅍ | ㅔ얼 | → 페얼

23

사전에 따라 다른 발음기호 읽는 법

8 발음 듣기

여러 사전을 찾아 공부하다 보면 발음기호 모양이 조금씩 달라 당황할 수도 있어요. 한국에서는 아직까지 국제발음기호(IPA)를 쉽게 바꾼 발음기호 형태를 많이 쓰고 있는데, 인터넷 사전 중에 다음(Daum) 사전은 일반적으로 한국에서 많이 사용하는 발음기호를 쓰고, 네이버(Naver) 사전은 전통적인 국제발음기호를 쓰고 있어요. 어떤 사전이라도 읽을 수 있도록, 사전에 따라 다르게 쓰는 발음기호를 알아봅시다.

발음기호 모양

대부분은 같지만 모음 중에 발음기호 모양이 조금 다른 경우가 있어요. 주로 [i]와 [u] 모양에서 차이가 있는데요. 아래에 나온 형태만 알아두면 어떤 사전을 보든 쉽게 읽을 수 있어요.

소리	다음 사전	네이버 사전	한글 발음
이	[win]	[wɪn]	윈
우	[pul]	[pʊl]	풀
오우	[roud]	[roʊd]	로운
아우	[kau]	[kaʊ]	카우
아이	[laik]	[laɪk]	라익
에이	[meik]	[meɪk]	메익
에얼	[pɛər]	[per][*]	페얼
이얼	[hiər]	[hɪr][*]	히얼
우얼	[puər]	[pʊr][*]	푸얼
어ː얼	[bəːrd]	[bɜːrd]	버ː얼드

↳ 이 책에서 쓰는 발음기호

★ 원래 [er], [ɪr], [ʊr]은 미국식 표기이고 [ɛər], [iər], [uər]은 영국식 표기에 해당하는데, 한국에서는 주로 뒤쪽의 발음기호를 사용해 [에얼], [이얼], [우얼] 발음을 표기합니다.

강세 표시

영어에는 단어에서 강하게 읽어야 하는 강세가 있어요. 한국식으로는 é, í, ɔ́, ú 처럼 주로 모음 바로 위에 ´ 표시를 해서 강세를 표시하죠. 두 번째로 강하게 읽어야 하는 부분은 è, ì, ɔ̀, ù처럼 모음 위에 ` 표시를 해요. 반면, 네이버 사전이나 다른 영영사전에서는 음절 앞에 ˈ, ˌ 모양을 써서 강세를 표시해요. 이때는 ˈ 뒤에 나오는 모음 소리에 강세를 줘서 읽으면 됩니다. ˌ 뒤에 나오는 모음 소리는 두 번째로 강하게 읽어요.

다음 사전		네이버 사전	한글 발음
모음 위에 ´ ˋ 표시	[hévi]	음절 앞에 ˈ ˌ 표시	[ˈhevi]	헤비
	[ǽŋkl]		[ˈæŋkl]	앵클
	[strɔ́ːbèri]		[ˈstrɔːˌberi]	스트로ː베리

이 책에서 쓰는 발음기호

25

PART 2

자음 발음기호 익히기

01 [p] vs. [b]

[p] = ㅍ
[b] = ㅂ

[p]와 [b]는 두 입술을 다물었다가 터트리면서 소리 냅니다. [p]는 한국어 ㅍ을 발음할 때보다 입술을 세게 다물었다가 단번에 터트리듯 '프' 하고 발음하고, [b]는 입술을 지그시 다물었다가 성대를 울리면서 '브' 하고 발음하세요.

동영상 강의

9 발음 듣기

[p]와 [b]의 소리를 비교하면서 다음 단어를 읽어 보세요.

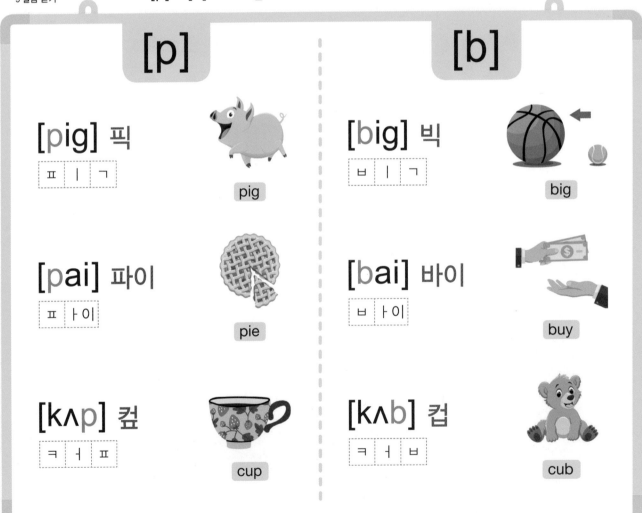

[p]	[b]
[pig] 픽 ㅍ ㅣ ㄱ pig	[big] 빅 ㅂ ㅣ ㄱ big
[pai] 파이 ㅍ ㅏ이 pie	[bai] 바이 ㅂ ㅏ이 buy
[kʌp] 컾 ㅋ ㅓ ㅍ cup	[kʌb] 컵 ㅋ ㅓ ㅂ cub

pig 돼지   **pie** 파이   **cup** 컵   **big** 커다란   **buy** 사다, 구입하다   **cub** (곰, 사자, 여우의) 새끼

Practice

정답 156쪽

A 소리 찾기   다음 단어에 알맞은 발음기호를 완성해 보세요.

❶ buy   [□ ai]   ❷ cub   [kʌ □]

❸ pie   [□ ai]   ❹ pig   [□ ig]

❺ big   [□ ig]   ❻ cup   [kʌ □]

B 발음기호 읽기   <보기>처럼 발음기호를 조합해 한글로 발음을 써 보세요.

발음기호	발음조합			한글발음
보기 [bed]	b ㅂ	e ㅔ	d ㄷ	베ㄷ
[pæn]	p ㅍ	æ ㅐ	n ㄴ	❶
[rib]	r ㄹ	i ㅣ	b ㅂ	❷
[roup]	r ㄹ	ou ㅗ우	p ㅍ	❸
[béibi]	b ei b i ㅂ ㅔ이 ㅂ ㅣ			❹

bed 침대   pan (손잡이가 달린) 팬, 냄비   rib 갈비, 갈비뼈   rope 밧줄   baby 아기

29

02 [t] vs. [d]

[t] = ㅌ
[d] = ㄷ

[t]와 [d]는 혀끝을 입천장에 붙였다 떼면서 소리 냅니다. [t]는 한국어 ㅌ을 발음하듯 '트' 하고 공기를 내보내며 발음하세요. 반면 [d]는 한국어 ㄷ과는 달리 혀끝이 윗니에 닿지 않도록 주의하면서 '드' 하고 성대를 울려 발음해요.

동영상 강의

10 발음 듣기

[t]와 [d]의 소리를 비교하면서 다음 단어를 읽어 보세요.

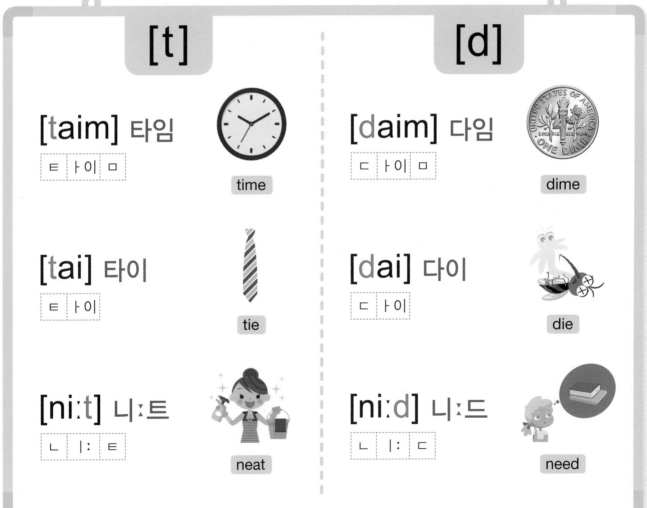

[t]	[d]
[taim] 타임 ㅌ ㅏ이 ㅁ time	[daim] 다임 ㄷ ㅏ이 ㅁ dime
[tai] 타이 ㅌ ㅏ이 tie	[dai] 다이 ㄷ ㅏ이 die
[niːt] 니ː트 ㄴ ㅣː ㅌ neat	[niːd] 니ː드 ㄴ ㅣː ㄷ need

---

time 시간   **tie** 넥타이   **neat** 깔끔한, 정돈된   **dime** (미국, 캐나다의) 10센트 동전   **die** 죽다   **need** 필요하다

A 소리 찾기   다음 단어에 알맞은 발음기호를 완성해 보세요.

1 time   [⬚ aim]   2 need   [niː ⬚]

3 die   [⬚ ai]   4 tie   [⬚ ai]

5 dime   [⬚ aim]   6 neat   [niː ⬚]

B 발음기호 읽기   <보기>처럼 발음기호를 조합해 한글로 발음을 써 보세요.

	발음기호	발음조합	한글발음
보기	[tiːn]	t iː n ㅌ ㅣː ㄴ	티ː인
	[dɑl]	d ɑ l ㄷ ㅏ ㄹ	❶
	[teil]	t ei l ㅌ ㅔ이 ㄹ	❷
	[hait]	h ai t ㅎ ㅏ이 ㅌ	❸
	[sæd]	s æ d ㅆ ㅐ ㄷ	❹

teen 십대의, 청소년   doll 인형   tail 꼬리   height 높이, 키 (gh는 소리가 안 나요)   sad 슬픈

03 [k] vs. [g]

[k] = ㅋ
[g] = ㄱ

[k]와 [g]는 목구멍 입구 쪽을 혀뿌리로 막았다 떼며 소리 냅니다. 한국어 ㅋ과 ㄱ 발음보다 더 깊게 혀뿌리를 닫았다 열면서 발음하세요. [k]는 공기를 터트리며 '크', [g]는 성대를 울리며 '그' 하고 발음하면 됩니다.

동영상 강의

11 발음 듣기

[k]와 [g]의 소리를 비교하면서 다음 단어를 읽어 보세요.

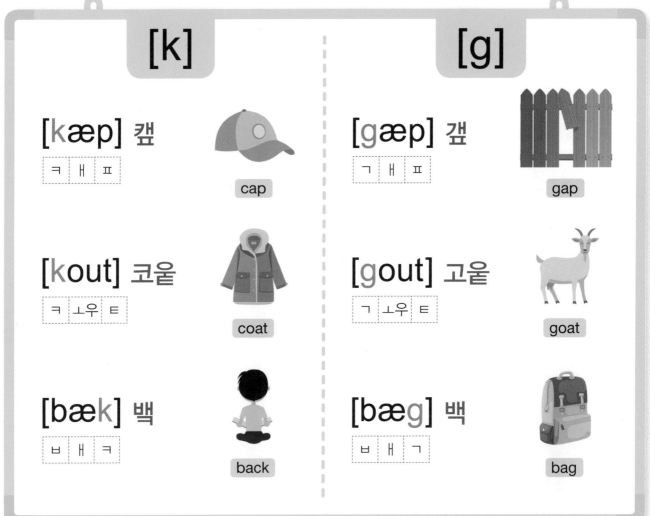

[k]

[kæp] 캪
| ㅋ | ㅐ | ㅍ |

cap

[kout] 코웉
| ㅋ | ㅗ | 우 | ㅌ |

coat

[bæk] 백
| ㅂ | ㅐ | ㅋ |

back

[g]

[gæp] 걮
| ㄱ | ㅐ | ㅍ |

gap

[gout] 고웉
| ㄱ | ㅗ | 우 | ㅌ |

goat

[bæg] 백
| ㅂ | ㅐ | ㄱ |

bag

cap 야구 모자   **coat** 코트   **back** 등, 뒷면   **gap** 틈새, 간격   **goat** 염소   **bag** 가방

Practice

정답 156쪽

A 소리 찾기 — 다음 단어에 알맞은 발음기호를 완성해 보세요.

1. gap [ㅁ æp]
2. back [bæ ㅁ]
3. goat [ㅁ out]
4. bag [bæ ㅁ]
5. coat [ㅁ out]
6. cap [ㅁ æp]

B 발음기호 읽기 — <보기>처럼 발음기호를 조합해 한글로 발음을 써 보세요.

	발음기호	발음조합	한글발음
보기	[kʌm]	k ʌ m ㅋ ㅓ ㅁ	컴
	[gʌm]	g ʌ m ㄱ ㅓ ㅁ	①
	[kait]	k ai t ㅋ ㅏ이 ㅌ	②
	[eg]	e g 에 ㄱ	③
	[beik]	b ei k ㅂ ㅔ이 ㅋ	④

come 오다   gum 껌, 잇몸   kite 연   egg 달걀   bake (빵을) 굽다

33

04 [f] vs. [v]

[f] = ㅍ
[v] = ㅂ

[f]와 [v]는 한국어의 ㅍ, ㅂ 소리와 비슷하지만 [p], [b]와 달리 두 입술을 붙이지 않아요. 윗니를 아랫입술에 붙인 후 바람을 밀어내며 발음하세요. [f]는 성대를 울리지 않고 '프', [v]는 성대를 울리며 '브' 하고 발음합니다.

동영상 강의

12 발음 듣기

[f]와 [v]의 소리를 비교하면서 다음 단어를 읽어 보세요.

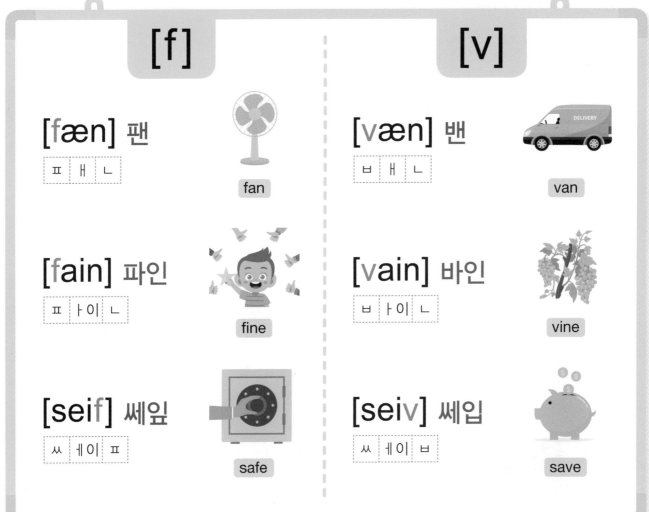

[f]	[v]
[fæn] 팬 ㅍ ㅐ ㄴ fan	[væn] 밴 ㅂ ㅐ ㄴ van
[fain] 파인 ㅍ ㅏ 이 ㄴ fine	[vain] 바인 ㅂ ㅏ 이 ㄴ vine
[seif] 쎄잎 ㅆ ㅔ 이 ㅍ safe	[seiv] 쎄입 ㅆ ㅔ 이 ㅂ save

fan 선풍기　**fine** 좋은, 훌륭한　**safe** 안전한; 금고　**van** 밴 (지붕이 덮인 화물차)　**vine** 포도나무　**save** 절약하다

Practice

정답 156쪽

A 소리 찾기   다음 단어에 알맞은 발음기호를 완성해 보세요.

① fine   [☐ ain]   ② safe   [sei ☐]

③ van   [☐ æn]   ④ fan   [☐ æn]

⑤ vine   [☐ ain]   ⑥ save   [sei ☐]

B 발음기호 읽기   <보기>처럼 발음기호를 조합해 한글로 발음을 써 보세요.

	발음기호	발음조합	한글발음
보기	[liv]	l i v (을)ㄹ ㅣ ㅂ	(을)립
	[naif]	n ai f ㄴ ㅏ이 ㅍ	①
	[vau]	v au ㅂ ㅏ우	②
	[fin]	f i n ㅍ ㅣ ㄴ	③
	[keiv]	k ei v ㅋ ㅔ이 ㅂ	④

live 살다, 거주하다   knife 칼   vow 맹세; 맹세하다   fin 지느러미   cave 동굴

05 [s] vs. [z]

[s] = ㅅ · ㅆ
[z] = ㅈ

[s]와 [z]는 혀끝을 윗니와 아랫니 중간에 두고 그 사이로 공기를 내보내는 발음입니다. [s]는 ㅅ처럼 '스' 하고 발음하는데, 뒤에 모음 소리가 오면 ㅆ에 가깝게 소리 나요. [z]는 ㅈ보다 혀끝이 간질간질할 정도로 성대를 울리며 '즈' 하고 발음하세요.

동영상 강의

13 발음 듣기

[s]와 [z]의 소리를 비교하면서 다음 단어를 읽어 보세요.

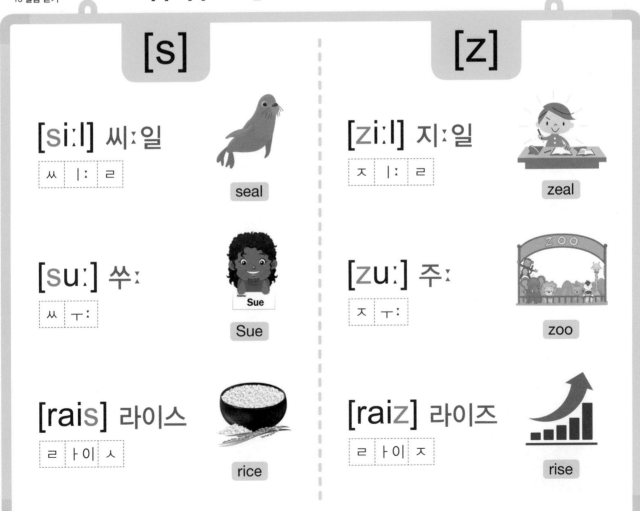

[s]	[z]
[siːl] 씨ː일 ㅆ ㅣː ㄹ seal	[ziːl] 지ː일 ㅈ ㅣː ㄹ zeal
[suː] 쑤ː ㅆ ㅜː Sue	[zuː] 주ː ㅈ ㅜː zoo
[rais] 라이스 ㄹ ㅏ 이 ㅅ rice	[raiz] 라이즈 ㄹ ㅏ 이 ㅈ rise

---

seal 물개　**Sue** 수 (여자 이름)　**rice** 쌀, 벼　**zeal** 열의, 열성　**zoo** 동물원　**rise** 증가하다, 오르다

36

A 소리 찾기 다음 단어에 알맞은 발음기호를 완성해 보세요.

1 zeal   [⬚ iːl]

2 Sue   [⬚ uː]

3 zoo   [⬚ uː]

4 rice   [rai ⬚]

5 rise   [rai ⬚]

6 seal   [⬚ iːl]

B 발음기호 읽기 <보기>처럼 발음기호를 조합해 한글로 발음을 써 보세요.

	발음기호	발음조합			한글발음
보기	[sip]	s / ㅆ	i / ㅣ	p / ㅍ	씹
	[zip]	z / ㅈ	i / ㅣ	p / ㅍ	①
	[sain]	s / ㅆ	ai / ㅏ이	n / ㄴ	②
	[feis]	f / ㅍ	ei / ㅔ이	s / ㅅ	③
	[bízi]	b / ㅂ	i / ㅣ	z / ㅈ	i / ㅣ	④

sip 홀짝홀짝 마시다   zip 지퍼로 잠그다   sign 간판, 표지판   face 얼굴   busy 바쁜

37

도전! 긴 단어 읽기 [p] [b] [t] [d] [k] [g] [f] [v] [s] [z]

14 발음 듣기

다음 발음기호를 보고 발음을 한글로 써 보세요.   정답 156쪽

[ædvǽns]	æ	d	v	æ	n	s
❶	애	ㄷ	ㅂ	ㅐ	ㄴ	ㅅ

[brékfəst]	b	r	e	k	f	ə	s	t
❷	ㅂ	ㄹ	ㅔ	ㅋ	ㅍ	ㅓ	ㅅ	ㅌ

[diváid]	d	i	v	ai	d
❸	ㄷ	ㅣ	ㅂ	ㅏ이	ㄷ

[spisífik]	s	p	i	s	i	f	i	k
❹	ㅅ	ㅍ	ㅣ	ㅆ	ㅣ	ㅍ	ㅣ	ㅋ

[émfəsàiz]	e	m	f	ə	s	ai	z
❺	에	ㅁ	ㅍ	ㅓ	ㅆ	ㅏ이	ㅈ

[grǽndsʌn]	g	r	æ	n	d	s	ʌ	n
❻	ㄱ	ㄹ	ㅐ	ㄴ	ㄷ	ㅆ	ㅓ	ㄴ

❶ advance 진보, 전진   ❷ breakfast 아침 식사   ❸ divide 나누다, 분배하다
❹ specific 자세한, 구체적인   ❺ emphasize 강조하다   ❻ grandson 손자

 **문장 읽기**

15 발음 듣기

발음기호를 참고해서 다음 문장을 읽어 보세요.   정답 157쪽

01 [p] vs. [b]

I buy a big pie.
[ai] [bai] [ə] [big] [pai]

나는 커다란 파이 하나를 사요.

02 [t] vs. [d]

I need a neat tie.
[ai] [ni:d] [ə] [ni:t] [tai]

나는 깔끔한 넥타이가 필요해요.

03 [k] vs. [g]

My cap and coat are in the bag.
[mai] [kæp] [ænd] [kout] [ɑ:r] [in] [ðə] [bæg]

내 모자와 코트는 그 가방 안에 있어요.

04 [f] vs. [v]

The van is fine and safe.
[ðə] [væn] [iz] [fain] [ænd] [seif]

그 밴은 좋고 안전해요.

05 [s] vs. [z]

Sue saw a seal at the zoo.
[su:] [sɔ:] [ə] [si:l] [æt] [ðə] [zu:]

수는 동물원에서 물개를 봤어요.

I [아이] 나는   **a** [어] 하나의   **my** [마이] 나의   **and** [앤드] ~와, 그리고   **in** [인] ~안에   **the** [더] 그
saw [쏘:] 봤다 (see의 과거형)   **at** [앳] ~에서

39

06 [m] vs. [n]

[m] = ㅁ
[n] = ㄴ

[m]와 [n]는 코로 공기를 내보내면서 성대를 울립니다. [m]는 한국어 ㅁ처럼 '므' 하고 발음해요. 반면 [n]는 한국어 ㄴ 발음과는 달리 혀끝이 윗니에 닿지 않게, 혀를 입천장에 닿았다 떼며 '느' 하고 발음합니다. [m], [n]가 모음 뒤에 올 때는 ㅁ, ㄴ 받침처럼 발음하세요.

동영상 강의

16 발음 듣기

[m]와 [n]의 소리를 비교하면서 다음 단어를 읽어 보세요.

[m]

[main] 마인
| ㅁ | ㅏ | 이 | ㄴ |

mine

[mæp] 맵
| ㅁ | ㅐ | ㅍ |

map

[koum] 코움
| ㅋ | ㅗ우 | ㅁ |

comb

[n]

[nain] 나인
| ㄴ | ㅏ | 이 | ㄴ |

nine

[næp] 냎
| ㄴ | ㅐ | ㅍ |

nap

[koun] 코운
| ㅋ | ㅗ우 | ㄴ |

cone

---

mine 나의 것　　**map** 지도　　**comb** 빗 (b는 소리가 안 나요)　　**nine** 아홉, 9　　**nap** 낮잠; 낮잠 자다　　**cone** 원뿔

정답 157쪽

A 소리 찾기   다음 단어에 알맞은 발음기호를 완성해 보세요.

① map   [æp]   **②** nine   [ain]

③ cone   [kou   ]   **④** nap   [æp]

⑤ mine   [ain]   **⑥** comb   [kou   ]

B 발음기호 읽기   <보기>처럼 발음기호를 조합해 한글로 발음을 써 보세요.

	발음기호	발음조합			한글발음
보기	[sʌn]	s / ㅆ	ʌ / ㅓ	n / ㄴ	썬
	[nait]	n / ㄴ	ai / ㅏ이	t / ㅌ	①
	[foun]	f / ㅍ	ou / ㅗ우	n / ㄴ	②
	[tiːm]	t / ㅌ	iː / ㅣː	m / ㅁ	③
	[meil]	m / ㅁ	ei / ㅔ이	l / ㄹ	④

son 아들   night 밤 (gh는 소리 나지 않아요)   phone 전화   team (스포츠 경기 등의) 팀   mail 우편물, 우편

07 [l] vs. [r]

[l] = (을)ㄹ
[r] = ㄹ

[l]와 [r]는 한국어 ㄹ과 비슷합니다. [l]는 혀끝을 윗니에 붙였다 떼며 '(을)르'처럼 발음하고 [r]는 혀끝을 입천장에 닿지 않게 안쪽으로 말아서 '(으)르' 하고 발음해요. 모음 뒤에 오는 [l]는 한국어의 ㄹ 받침처럼 발음하는데, 좀 더 낮고 깊은 소리가 납니다. 모음 뒤의 [r] 소리는 102~116쪽을 참고하세요.

동영상 강의

17 발음 듣기

[l]와 [r]의 소리를 비교하면서 다음 단어를 읽어 보세요.

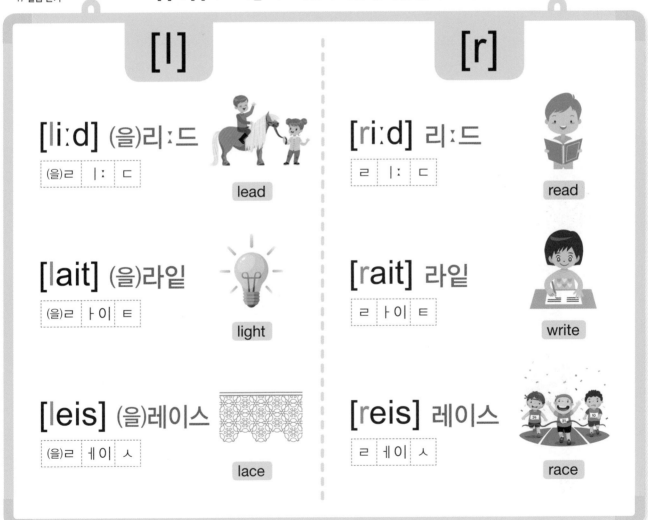

[l]	[r]
[liːd] (을)리ː드	[riːd] 리ː드
(을)ㄹ ㅣː ㄷ	ㄹ ㅣː ㄷ
lead	read
[lait] (을)라잍	[rait] 라잍
(을)ㄹ ㅏ이 ㅌ	ㄹ ㅏ이 ㅌ
light	write
[leis] (을)레이스	[reis] 레이스
(을)ㄹ ㅔ이 ㅅ	ㄹ ㅔ이 ㅅ
lace	race

---

lead 이끌다, 안내하다　**light** 빛, 전등　**lace** 레이스, 끈　**read** 읽다　**write** 쓰다 (w는 소리가 안 나요)　**race** 경주

Practice

정답 157쪽

A **소리 찾기**   다음 단어에 알맞은 발음기호를 완성해 보세요.

1 race [　 eis]

2 read [　 i:d]

3 lace [　 eis]

4 write [　 ait]

5 lead [　 i:d]

6 light [　 ait]

B **발음기호 읽기**   <보기>처럼 발음기호를 조합해 한글로 발음을 써 보세요.

	발음기호	발음조합	한글발음
보기	[rɑk]	r ɑ k / ㄹ ㅏ ㅋ	락
	[lɑk]	l ɑ k / (을)ㄹ ㅏ ㅋ	①
	[rein]	r ei n / ㄹ ㅔ이 ㄴ	②
	[rouz]	r ou z / ㄹ ㅗ우 ㅈ	③
	[léidi]	l ei d i / (을)ㄹ ㅔ이 ㄷ ㅣ	④

rock 바위   **lock** 자물쇠   **rain** 비; 비가 오다   **rose** 장미   **lady** 여성, 숙녀

08 [θ] vs. [ð]

[θ] = ㄸ
[ð] = ㄷ

[θ]와 [ð]는 혀끝을 윗니와 아랫니 사이에 넣고 내는 소리로, th의 대표적인 소리입니다. 번데기 모양의 [θ]는 '뜨'하고 성대가 울리지 않게 공기를 내보내며 발음하고, 돼지 꼬리처럼 생긴 [ð]는 '드'하고 성대를 울리면서 발음하세요.

동영상 강의

18 발음 듣기

[θ]와 [ð]의 소리를 비교하면서 다음 단어를 읽어 보세요.

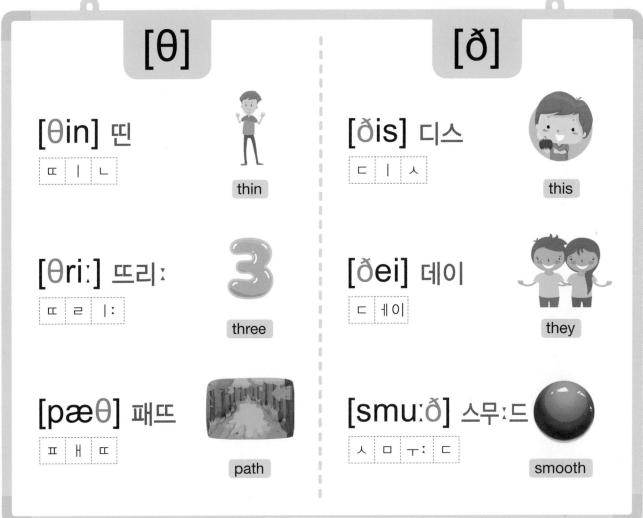

[θ]

[θin] 띤
ㄸ | ㅣ | ㄴ
thin

[θriː] 뜨리ː
ㄸ | ㄹ | ㅣː
three

[pæθ] 패뜨
ㅍ | ㅐ | ㄸ
path

[ð]

[ðis] 디스
ㄷ | ㅣ | ㅅ
this

[ðei] 데이
ㄷ | ㅔ이
they

[smuːð] 스무ː드
ㅅ | ㅁ | ㅜː | ㄷ
smooth

---

thin 마른, 얇은　**three** 셋, 3　**path** 길　**this** 이것　**they** 그들, 그것들　**smooth** 매끈매끈한, 매끄러운

Practice

정답 157쪽

A 소리 찾기   다음 단어에 알맞은 발음기호를 완성해 보세요.

1 smooth   [smuː◻]   **2** thin   [◻in]

3 this   [◻is]   **4** they   [◻ei]

5 path   [pæ◻]   **6** three   [◻riː]

B 발음기호 읽기   <보기>처럼 발음기호를 조합해 한글로 발음을 써 보세요.

	발음기호	발음조합	한글발음
보기	[θiːf]	θ iː f ㄸ ㅣː ㅍ	띠ː프
	[ðæt]	ð æ t ㄷ ㅐ ㅌ	①
	[θʌm]	θ ʌ m ㄸ ㅓ ㅁ	②
	[briːð]	b r iː ð ㅂ ㄹ ㅣː ㄷ	③
	[mɔːθ]	m ɔː θ ㅁ ㅗː ㄸ	④

thief 도둑   that 저것   thumb 엄지손가락   breathe 숨쉬다, 호흡하다   moth 나방

09 [ʃ] vs. [ʒ]

[ʃ] = 쉬
[ʒ] = 쥐

[ʃ]와 [ʒ]는 입술을 동그랗게 모으고 소리 냅니다. [ʃ]는 혀끝과 입천장 사이로 공기를 내보내면서 '쉬', [ʒ]는 성대를 울리며 길게 '쥐' 하고 발음합니다. 모음과 합쳐지면 [ʃi(쉬)], [ʃu(슈)], [ʃɑ(샤)], [ʃe(쉐)], [ʃæ(섀)], [ʃʌ(셔)], [ʃə(셔)], [ʃou(쇼우)], [ʒə(줘)], [ʒu(쥬)] 같은 소리를 만들어요.

동영상 강의

19 발음 듣기

[ʃ]와 [ʒ]의 소리를 비교하면서 다음 단어를 읽어 보세요.

[ʃ]	[ʒ]
[ʃiːp] 쉬ːㅍ 쉬 | ː | ㅍ **sheep**	[tréʒər] 트레줠 ㅌ | ㄹ | ㅔ | 쥐 | 얼 **treasure**
[míʃən] 미션 ㅁ | ㅣ | 쉬 | ㅓ | ㄴ **mission**	[víʒən] 비쥖 ㅂ | ㅣ | 쥐 | ㅓ | ㄴ **vision**
[buʃ] 부쉬 ㅂ | ㅜ | 쉬 **bush**	[beiʒ] 베이쥐 ㅂ | ㅔ이 | 쥐 **beige**

sheep 양　**mission** 임무　**bush** 덤불　**treasure** 보물　**vision** 시력, 시야　**beige** 베이지색(의)

Practice

정답 157쪽

A 소리 찾기 　다음 단어에 알맞은 발음기호를 완성해 보세요.

① bush 　[bu □]　　② vision 　[ví □ ən]

③ beige 　[bei □]　　④ mission 　[mí □ ən]

⑤ sheep 　[□ iːp]　　⑥ treasure 　[tré □ ər]

B 발음기호 읽기 　<보기>처럼 발음기호를 조합해 한글로 발음을 써 보세요.

	발음기호	발음조합	한글발음
보기	[ʃou]	ʃ ou 쉬 ㅗ우	쇼 우
	[ʃeik]	ʃ ei k 쉬 ㅔ이 ㅋ	①
	[éiʒə]	ei ʒ ə 에이 쥐 ㅓ	②
	[kæʃ]	k æ ʃ ㅋ ㅐ 쉬	③
	[líːʒər]	l iː ʒ ər (을)ㄹ ㅣː 쥐 얼	④

show 쇼, 공연　　shake 흔들다　　Asia 아시아 (대륙)　　cash 현금, 돈　　leisure 여가 활동, 레저

10 [ʧ] vs. [ʤ]

[ʧ] = 취
[ʤ] = 쥐

ʃ 앞에 t가 붙은 [ʧ]와 ʒ 앞에 d가 붙은 [ʤ]는 입술을 동그랗게 모으고 혀끝을 윗니 뒤쪽 잇몸에 붙였다 떼면서 소리 냅니다. 무성음인 [ʧ]는 공기를 힘있게 내보내며 '**취**', 유성음인 [ʤ]는 성대를 울리며 [ʒ]보다 짧게 '**쥐**' 하고 발음하세요.

동영상 강의

20 발음 듣기

[ʧ]와 [ʤ]의 소리를 비교하면서 다음 단어를 읽어 보세요.

[ʧ]

[ʧein] 췌인

취	ᅦ이	ㄴ

chain

[ʧiːp] 취ː프

취	ㅣː	ㅍ

cheap

[bæʧ] 배취

ㅂ	ㅐ	취

batch

[ʤ]

[ʤein] 줴인

쥐	ᅦ이	ㄴ

Jane

[ʤiːp] 쥐ː프

쥐	ㅣː	ㅍ

jeep

[bæʤ] 배쥐

ㅂ	ㅐ	쥐

badge

chain 사슬 **cheap** 싼, 저렴한 **batch** (재료의) 1회분 **Jane** 제인 (여자 이름) **jeep** 지프차 **badge** 배지, 명찰

정답 157쪽

A 소리 찾기 다음 단어에 알맞은 발음기호를 완성해 보세요.

① chain [☐ ein] ② badge [bæ ☐]

③ jeep [☐ iːp] ④ cheap [☐ iːp]

⑤ Jane [☐ ein] ⑥ batch [bæ ☐]

B 발음기호 읽기 <보기>처럼 발음기호를 조합해 한글로 발음을 써 보세요.

	발음기호	발음조합			한글발음
보기 (이미지)	[ʤab]	ʤ 쥐	a ㅏ	b ㅂ	좝
(이미지)	[ʧiːk]	ʧ 취	iː ㅣː	k ㅋ	①
(이미지)	[ʤʌg]	ʤ 쥐	ʌ ㅓ	g ㄱ	②
(이미지)	[tiːʧ]	t ㅌ	iː ㅣː	ʧ 취	③
(이미지)	[keiʤ]	k ㅋ	ei ㅔ이	ʤ 쥐	④

job 직업 cheek 뺨, 볼 jug 병, 단지 teach 가르치다 cage 새장, 우리

도전! 긴 단어 읽기 [m] [n] [l] [r] [θ] [ð] [ʃ] [ʒ] [tʃ] [dʒ]

21 발음 듣기

다음 발음기호를 보고 발음을 한글로 써 보세요.

정답 158쪽

[disíʒən]	d	i	s	i	ʒ	ə	n
❶		ㄷ	ㅣ	ㅆ	ㅣ	쥐	ㅓ	ㄴ

[spéʃəl]	s	p	e	ʃ	ə	l
❷		ㅅ	ㅍ	ㅔ	쉬	ㅓ	ㄹ

[dʒéntlmən]	dʒ	e	n	t	l	m	ə	n
❸		쥐	ㅔ	ㄴ	ㅌ	ㄹ	ㅁ	ㅓ	ㄴ

[tʃǽlindʒ]	tʃ	æ	l	i	n	dʒ
❹		취	ㅐ	(을)ㄹ	ㅣ	ㄴ	쥐

[bǽθrùːm]	b	æ	θ	r	uː	m
❺		ㅂ	ㅐ	ㄸ	ㄹ	ㅜː	ㅁ

[ɔ̀ːltəgéðər]	ɔː	l	t	ə	g	e	ð	ər
❻		오ː	ㄹ	ㅌ	ㅓ	ㄱ	ㅔ	ㄷ	얼

❶ **decision** 결정, 결심 ❷ **special** 특별한 ❸ **gentleman** 신사

❹ **challenge** 도전; 도전하다 ❺ **bathroom** 욕실, 화장실 ❻ **altogether** 다 함께, 전부 합해서

 **문장 읽기**

22 발음 듣기

발음기호를 참고해서 다음 문장을 읽어 보세요.　　정답 158쪽

06 [m] vs. [n]

The map and comb are mine.
[ðə]　[mæp]　[ænd]　[koum]　[ɑːr]　[main]

그 지도와 빗은 내 것입니다.

07 [l] vs. [r]

I can't read and write without light.
[ai]　[kænt]　[riːd]　[ænd]　[rait]　[wiðáut]　[lait]

나는 빛 없이는 읽고 쓸 수 없어요.

08 [θ] vs. [ð]

This is thin and smooth.
[ðis]　[iz]　[θin]　[ænd]　[smuːð]

이것은 얇고 매끄러워요.

09 [ʃ] vs. [ʒ]

The beige sheep is in the bush.
[ðə]　[beiʒ]　[ʃiːp]　[iz]　[in]　[ðə]　[buʃ]

그 베이지색 양은 덤불 속에 있어요.

10 [tʃ] vs. [dʒ]

Jane has a cheap badge.
[dʒein]　[hæz]　[ə]　[tʃiːp]　[bædʒ]

제인은 싼 배지를 하나 갖고 있어요.

---

and [앤드] ~와, 그리고　**can't** [캔트] ~할 수 없다　**without** [위다웉] ~없이　**in** [인] ~안에, ~속에
has [해즈] 가지고 있다 (have의 3인칭 단수형)

11 [h]

[h] = ㅎ

[h]는 한국어 ㅎ 발음과 비슷합니다. 목구멍에서 공기를 뱉으면서 'ㅎ' 하고 발음해요.
무성음이니까 성대가 울리지 않게 주의하세요.

동영상 강의

23 발음 듣기

[h]의 소리에 주의하면서 다음 단어를 읽어 보세요.

[h]

[haid] 하읻

ㅎ	ㅏ	이	ㄷ

hide

[hæt] 햍

ㅎ	ㅐ	ㅌ

hat

[hɔːrs] 호ː얼스

ㅎ	ㅗː	얼	ㅅ

horse

[hil] 힐

ㅎ	ㅣ	ㄹ

hill

[haus] 하우스

ㅎ	ㅏ	우	ㅅ

house

[hǽpi] 해피

ㅎ	ㅐ	ㅍ	ㅣ

happy

hide 숨다, 숨기다   **horse** 말   **house** 집   **hat** 모자   **hill** 언덕   **happy** 행복한

52

정답 158쪽

A 소리 찾기   다음 단어에 알맞은 발음기호를 완성해 보세요.

❶ hat　　[　　æt]　　　❷ hide　　[　　aid]

❸ horse　[　　ɔːrs]　　❹ hill　　[　　il]

❺ happy　[　　æpi]　　❻ house　[　　aus]

B 발음기호 읽기   <보기>처럼 발음기호를 조합해 한글로 발음을 써 보세요.

발음기호	발음조합	한글발음
보기 [hʌg]	h ʌ g / ㅎ ㅓ ㄱ	헉
[hæv]	h æ v / ㅎ ㅐ ㅂ	❶
[hai]	h ai / ㅎ ㅏ이	❷
[houp]	h ou p / ㅎ ㅗ우 ㅍ	❸
[hévi]	h e v i / ㅎ ㅔ ㅂ ㅣ	❹

hug 껴안다　　have 가지고 있다　　high 높은 (gh는 소리 나지 않아요)　　hope 희망　　heavy 무거운

53

[w]

[w] = 우

[w]는 아, 에, 이, 오, 우 같은 모음과 비슷한 소리가 나지만 혼자서는 소리를 못 내기 때문에 반모음, 또는 반자음이라고 부릅니다. 입술을 동그랗게 모아 '우' 하고 발음하는데, 뒤에 오는 모음과 결합해 [wɑ(와)], [wɔː(워ː)], [wə(워)], [wi(위)], [we(웨)], [wu(우)] 같은 소리를 만듭니다.

동영상 강의

24 발음 듣기

[w]의 소리에 주의하면서 다음 단어를 읽어 보세요.

[w]

[wei] 웨이
| 우 | ㅔ이 |

way

[wig] 윅
| 우 | ㅣ | ㄱ |

wig

[wɛər] 웨얼
| 우 | ㅔ얼 |

wear

[wɔːk] 워ː크
| 우 | ㅗ | ㅋ |

walk

[wet] 웯
| 우 | ㅔ | ㅌ |

wet

[win] 윈
| 우 | ㅣ | ㄴ |

win

way 길; 방법   wear 입다, 착용하다   wet 젖은   wig 가발   walk 걷다 (l은 소리 나지 않아요)   win 이기다

A **소리 찾기** 다음 단어에 알맞은 발음기호를 완성해 보세요.

1 wear [[ ] ɛər] 2 wig [[ ] ig]

3 wet [[ ] et] 4 way [[ ] ei]

5 walk [[ ] ɔːk] 6 win [[ ] in]

B **발음기호 읽기** <보기>처럼 발음기호를 조합해 한글로 발음을 써 보세요.

	발음기호	발음조합	한글발음
보기	[wiːk]	w iː k 우 ㅣː ㅋ	위ː크
	[wɑtʃ]	w ɑ tʃ 우 ㅏ 취	1
	[wul]	w u l 우 ㅜ ㄹ	2
	[wiʃ]	w i ʃ 우 ㅣ 쉬	3
	[wait]	w ai t 우 ㅏ이 ㅌ	4

weak 약한   watch 손목시계; 보다   wool 양털, 양모   wish 원하다, 바라다   white 하얀; 하얀색

[j]

[j] = 이

[j]는 알파벳 j의 소리가 아닌 y의 소리입니다. 양옆으로 입술을 벌리며 '이' 하고 발음합니다. [w]처럼 반자음으로, 뒤에 오는 모음과 합쳐져 [jɑ(야)], [jæ(얘)], [jɔː(요ː)], [jə(여)], [jʌ(여)], [ju(유)], [je(예)], [ji(이)], [jou(요우)]처럼 소리 냅니다. [j]를 ㅈ 소리로 읽지 않게 주의하세요.

동영상 강의

25 발음 듣기

[j]의 소리에 주의하면서 다음 단어를 읽어 보세요.

[j]

[jiər] 이얼
이 ㅣ 얼

year

[jes] 예스
이 ㅔ ㅅ

yes

[jʌŋ] 영
이 ㅓ ㅇ

young

[jɑːrd] 야ː알드
이 ㅏː알 ㄷ

yard

[ju] 유
이 ㅜ

you

[jóugə] 요우거
이 ㅗ우 ㄱ ㅓ

yoga

year 연도, 한 해　　**young** 젊은, 어린　　**you** 너, 당신(들)　　**yes** 네, 그렇습니다　　**yard** 뜰, 마당　　**yoga** 요가

정답 158쪽

A 소리 찾기 · 다음 단어에 알맞은 발음기호를 완성해 보세요.

① yoga [[ ] óugə]   ② year [[ ] iər]

③ young [[ ] ʌŋ]   ④ yes [[ ] es]

⑤ yard [[ ] ɑːrd]   ⑥ you [[ ] u]

B 발음기호 읽기 · <보기>처럼 발음기호를 조합해 한글로 발음을 써 보세요.

	발음기호	발음조합			한글발음
보기	[jɑt]	j 이	ɑ ㅏ	t ㅌ	얕
	[jɔːn]	j 이	ɔː ㅗː	n ㄴ	①
	[juːθ]	j 이	uː ㅜː	θ ㄸ	②
	[jel]	j 이	e ㅔ	l ㄹ	③
	[lɔ́ːjər]	l ㄹ	ɔː ㅗː	j ər 이 얼	④

---

yacht 요트 (ch는 소리 나지 않아요)   **yawn** 하품하다   **youth** 젊음   **yell** 소리치다   **lawyer** 변호사

[ŋ]

[ŋ] = 응

n 끝에 꼬리가 달린 것처럼 생긴 [ŋ]은 한국어의 ㅇ 받침소리와 비슷한 소리입니다. 다른 발음기호와는 달리 받침소리라서 단어의 첫소리로는 올 수 없어요. 목구멍의 공기를 혀뿌리로 막고, 코로 공기를 내보내며 '응' 하고 발음하세요.

동영상 강의

26 발음 듣기

[ŋ]의 소리에 주의하면서 다음 단어를 읽어 보세요.

[ŋ]

[riŋ] 링

| ㄹ | ㅣ | ㅇ |

ring

[wédiŋ] 웨딩

| 우 | 웨 | ㄷ | ㅣ | ㅇ |

wedding

[siŋ] 씽

| ㅆ | ㅣ | ㅇ |

sing

[θiŋk] 띵크

| ㄸ | ㅣ | ㅇ | ㅋ |

think

[sɔːŋ] 쏘ː옹

| ㅆ | ㅗː | ㅇ |

song

[driŋk] 드링크

| ㄷ | ㄹ | ㅣ | ㅇ | ㅋ |

drink

---

ring 반지   **sing** 노래하다   **song** 노래   **wedding** 결혼, 결혼식   **think** 생각하다   **drink** 마시다

Practice

정답 158쪽

A 소리 찾기   다음 단어에 알맞은 발음기호를 완성해 보세요.

1 drink [dri ⬚ k]   2 ring [ri ⬚]

3 think [θi ⬚ k]   4 song [sɔː ⬚]

5 wedding [wédi ⬚]   6 sing [si ⬚]

B 발음기호 읽기   <보기>처럼 발음기호를 조합해 한글로 발음을 써 보세요.

발음기호	발음조합	한글발음
보기 [kiŋ]	k i ŋ ㅋ ㅣ ㅇ	킹
[hæŋ]	h æ ŋ ㅎ ㅐ ㅇ	①
[briŋ]	b r i ŋ ㅂ ㄹ ㅣ ㅇ	②
[bæŋk]	b æ ŋ k ㅂ ㅐ ㅇ ㅋ	③
[piŋk]	p i ŋ k ㅍ ㅣ ㅇ ㅋ	④

king 왕   hang 걸다, 매달다   bring 가져오다, 데려오다   bank 은행   pink 분홍색(의)

도전! 긴 단어 읽기 [h] [w] [j] [ŋ]

27 발음 듣기

다음 발음기호를 보고 발음을 한글로 써 보세요.   정답 158쪽

[wíndou]	w	i	n	d	ou
❶	우	ㅣ	ㄴ	ㄷ	ㅗ우

[bihéivjər]	b	i	h	ei	v	j	ər
❷	ㅂ	ㅣ	ㅎ	ㅔ이	ㅂ	이	얼

[hístəri]	h	i	s	t	ə	r	i
❸	ㅎ	ㅣ	ㅅ	ㅌ	ㅓ	ㄹ	ㅣ

[twíŋkl]	t	w	i	ŋ	k	l
❹	ㅌ	우	ㅣ	ㅇ	ㅋ	ㄹ

[jóugərt]	j	ou	g	ər	t
❺	이	ㅗ우	ㄱ	얼	ㅌ

[lǽŋgwiʤ]	l	æ	ŋ	g	w	i	ʤ
❻	(을)ㄹ	ㅐ	ㅇ	ㄱ	우	ㅣ	쥐

❶ window 창문 ❷ behavior 행동, 행실 ❸ history 역사
❹ twinkle 반짝반짝 빛나다 ❺ yogurt 요구르트 ❻ language 언어

도전! 문장 읽기

정답 159쪽

28 발음 듣기

발음기호를 참고해서 다음 문장을 읽어 보세요.

11 [h]

The happy horse is in the house.
[ðə]　[hǽpi]　[hɔːrs]　[iz]　[in]　[ðə]　[haus]

그 행복한 말은 집 안에 있어요.

12 [w]

I don't wear a wet wig.
[ai] [dount]　[wɛər]　[ə]　[wet]　[wig]

나는 젖은 가발을 안 써요.

13 [j]

Did you do yoga in the yard?
[did]　[ju]　[du]　[jóugə]　[in]　[ðə]　[jɑːrd]

당신은 마당에서 요가를 했나요?

14 [ŋ]

They sing a song at a wedding.
[ðei]　[siŋ]　[ə]　[sɔːŋ]　[æt] [ə]　[wédiŋ]

그들은 결혼식에서 노래를 불러요.

in [인] ~안에, ~에서　　**don't** [도운트] ~하지 않는다　　**did** [딛] 했다 (do의 과거형)　　**do** [두] 하다　　**they** [데이] 그들은
at [앹] ~에서

앞에서 우리가 배운 자음 소리는 두 개나 세 개의 소리가 연속으로 올 때도 있어요.
두 개 이상의 자음 소리가 연이어서 올 때는 어떻게 읽으면 되는지 살펴봅시다.

자음 뒤에 [l]가 올 때

[l]는 '(을)ㄹ' 소리를 가지고 있어요.
앞의 자음 소리에 ㄹ 받침을 넣고 ㄹ을 뒤의 모음과 연결해 발음하세요.

[bl] 블ㄹ	[kl] 클ㄹ	[fl] 플ㄹ
[blou] 블로우 blow 불다	[klaun] 클라운 clown 광대	[flai] 플라이 fly 날다
[sl] 슬ㄹ	[gl] 글ㄹ	[pl] 플ㄹ
[sli:p] 슬리:프 sleep 자다	[glæd] 글래드 glad 기쁜	[plei] 플레이 play 놀다

자음 뒤에 [r]가 올 때

앞의 자음과 [r]의 ㄹ 소리를 자연스럽게 이어서 발음해요.

[br] 브ㄹ	[kr] 크ㄹ	[fr] 프ㄹ	[dr] 드ㄹ
[bridʒ] 브리쥐 bridge 다리	[kraun] 크라운 crown 왕관	[fri:] 프리: free 무료의	[drai] 드라이 dry 건조한
[pr] 프ㄹ	[gr] 그ㄹ	[tr] 트ㄹ	
[prais] 프라이스 price 가격	[greit] 그레잍 great 훌륭한	[tru:] 트루: true 진실한	

[s] 뒤에 자음이 올 때

자음 앞의 [s]는 '스' 소리가 나요. [s]와 뒤에 오는 자음 소리를 부드럽게 이어서 발음해요.

[sk] 스ㅋ	**[sm]** 스ㅁ	**[sn]** 스ㄴ
[sku:l] 스쿠:울 school 학교	[smɔːl] 스모:올 small 작은	[snou] 스노우 snow 눈; 눈 내리다
[sp] 스ㅍ	**[st]** 스ㅌ	**[sw]** 스우
[spein] 스페인 Spain 스페인	[stoun] 스토운 stone 돌	[swɑn] 스완 swan 백조

세 자음이 연속으로 올 때

세 개의 자음 소리를 부드럽게 이어서 발음하는데, [l]는 '(을)ㄹ'로 소리 나므로 주의하세요.

[skr] 스크ㄹ	**[str]** 스트ㄹ	**[spr]** 스프ㄹ	**[spl]** 스플ㄹ
[skru:] 스크루: screw 나사	[stri:t] 스트리:트 street 거리	[spriŋ] 스프링 spring 봄	[split] 스플릳 split 나누다, 분리하다

자음 뒤에 [ju]가 올 때

[ju]는 '유'로 소리 나므로, 앞 자음 소리에 ㅠ 소리를 넣어서 발음해요.
[j]는 'ㅈ' 소리가 아니라 '이' 소리라는 것 잊지 마세요.

[mju] 뮤	**[kju]** 큐	**[fju]** 퓨
[mjúːzik] 뮤:직 music 음악	[kjuːt] 큐:트 cute 귀여운	[fjuːz] 퓨:즈 fuse 퓨즈, 도화선

PART 3

모음 발음기호 익히기

[i]

[i] = 이

[i]는 한국어의 '이' 소리와는 발음이 조금 달라요. 혀의 양옆이 위 어금니에 살짝 닿게 하면서 'ㅔ' 입 모양을 만든 후, 짧고 가볍게 '이' 하고 발음하세요.

동영상 강의

30 발음 듣기

[i]의 소리에 주의하면서 다음 단어를 읽어 보세요.

[i]

[iŋk] 잉크

이	ㅇ	ㅋ

ink

[sit] 씯

ㅆ	ㅣ	ㅌ

sit

[kid] 킫

ㅋ	ㅣ	ㄷ

kid

[twin] 트윈

ㅌ	우	ㅣ	ㄴ

twin

[fiks] 픽스

ㅍ	ㅣ	ㅋ	ㅅ

fix

[midl] 미들

ㅁ	ㅣ	ㄷ	ㄹ

middle

ink 잉크   **kid** 아이   **fix** 수리하다, 고치다   **sit** 앉다, 앉아 있다   **twin** 쌍둥이   **middle** 중간, 한가운데

A 소리 찾기 다음 단어에 알맞은 발음기호를 완성해 보세요.

① fix [f ⬚ ks] ② middle [m ⬚ dl]

③ sit [s ⬚ t] ④ kid [k ⬚ d]

⑤ ink [⬚ ŋk] ⑥ twin [tw ⬚ n]

B 발음기호 읽기 <보기>처럼 발음기호를 조합해 한글로 발음을 써 보세요.

발음기호	발음조합			한글발음
보기 [kik]	k ㅋ	i ㅣ	k ㅋ	킥
[dig]	d ㄷ	i ㅣ	g ㄱ	①
[hit]	h ㅎ	i ㅣ	t ㅌ	②
[il]		i 이	l ㄹ	③
[lid]	l (을)ㄹ	i ㅣ	d ㄷ	④

kick 발로 차다 dig 파다 hit 때리다, 치다 ill 아픈, 병든 lid 뚜껑

02 [iː]

[iː] = 이ː

[iː]는 앞에서 배운 [i]보다 입을 가로로 더 벌리고 입꼬리에 힘을 주며 길게 '이ː' 하고 발음합니다.

동영상 강의

31 발음 듣기

[iː]의 소리에 주의하면서 다음 단어를 읽어 보세요.

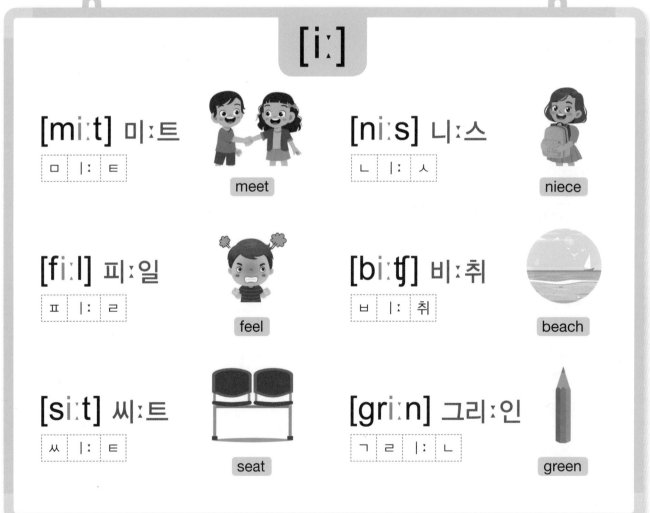

[miːt] 미ː트 ㅁ ㅣː ㅌ meet

[niːs] 니ː스 ㄴ ㅣː ㅅ niece

[fiːl] 피ː일 ㅍ ㅣː ㄹ feel

[biːʧ] 비ː취 ㅂ ㅣː 취 beach

[siːt] 씨ː트 ㅆ ㅣː ㅌ seat

[griːn] 그리ː인 ㄱ ㄹ ㅣː ㄴ green

meet 만나다 **feel** 느끼다; 느낌 **seat** 좌석 **niece** 여자 조카 **beach** 해변 **green** 초록색(의)

68

정답 159쪽

A 소리 찾기 다음 단어에 알맞은 발음기호를 완성해 보세요.

1 beach [b ⬚ tʃ]

2 niece [n ⬚ s]

3 seat [s ⬚ t]

4 meet [m ⬚ t]

5 green [gr ⬚ n]

6 feel [f ⬚ l]

B 발음기호 읽기 <보기>처럼 발음기호를 조합해 한글로 발음을 써 보세요.

	발음기호	발음조합	한글발음
보기	[diːp]	d / iː / p ㄷ / ㅣː / ㅍ	디ː프
	[miːl]	m / iː / l ㅁ / ㅣː / ㄹ	**1**
	[biːt]	b / iː / t ㅂ / ㅣː / ㅌ	**2**
	[siː]	s / iː ㅆ / ㅣː	**3**
	[fiːld]	f / iː / l / d ㅍ / ㅣː / ㄹ / ㄷ	**4**

deep 깊은　meal 식사　beat 이기다　sea 바다　field 들판

69

[u]

[u] = 우

[u]는 턱을 조금 아래로 내리면서 '우'와 '어'의 중간 소리를 내듯 짧게 '**우**'라고 발음하세요.

동영상 강의

32 발음 듣기

[u]의 소리에 주의하면서 다음 단어를 읽어 보세요.

[u]

[kuk] 쿡

| ㅋ | ㅜ | ㅋ |

cook

[puʃ] 푸쉬

| ㅍ | ㅜ | 쉬 |

push

[gud] 굳

| ㄱ | ㅜ | ㄷ |

good

[ful] 풀

| ㅍ | ㅜ | ㄹ |

full

[luk] (을)룩

| (을)ㄹ | ㅜ | ㅋ |

look

[wulf] 울프

| 우 | ㅜ | ㄹ | ㅍ |

wolf

cook 요리사; 요리하다   **push** 밀다   **good** 좋은   **full** 가득 찬   **look** 보다, (~처럼) 보이다   **wolf** 늑대

Practice

정답 159쪽

A 소리 찾기 다음 단어에 알맞은 발음기호를 완성해 보세요.

1 push   [p [ ] ʃ]   2 look   [l [ ] k]

3 cook   [k [ ] k]   4 wolf   [w [ ] lf]

5 full   [f [ ] l]   6 good   [g [ ] d]

B 발음기호 읽기 <보기>처럼 발음기호를 조합해 한글로 발음을 써 보세요.

	발음기호	발음조합			한글발음
보기	[huk]	h ㅎ	u ㅜ	k ㅋ	훅
	[buk]	b ㅂ	u ㅜ	k ㅋ	1
	[fut]	f ㅍ	u ㅜ	t ㅌ	2
	[wud]	w 우	u ㅜ	d ㄷ	3
	[pul]	p ㅍ	u ㅜ	l ㄹ	4

hook 갈고리   book 책   foot 발   wood 목재, 나무   pull 당기다, 끌다

[uː]

[uː] = 우ː

[uː]는 입술을 앞쪽으로 둥글게 오므려 내민 다음, 혀를 아래쪽으로 내리며 길게 '우ː' 하고 발음합니다.

동영상 강의

33 발음 듣기

[uː]의 소리에 주의하면서 다음 단어를 읽어 보세요.

[uː]

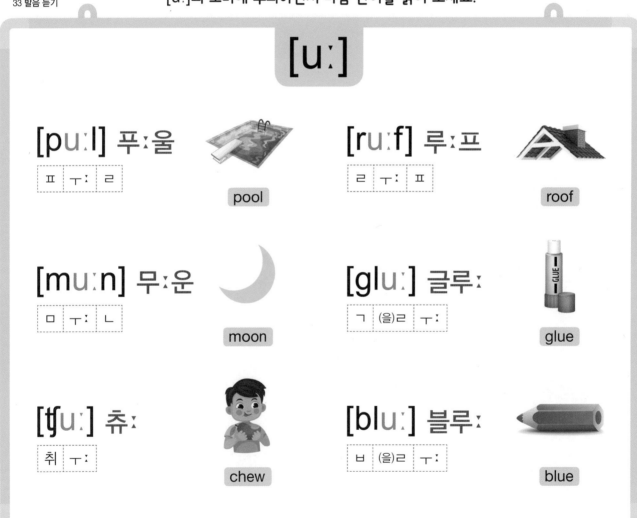

[puːl] 푸ː울

| ㅍ | ㅜ | ㄹ |

pool

[ruːf] 루ː프

| ㄹ | ㅜ | ㅍ |

roof

[muːn] 무ː운

| ㅁ | ㅜ | ㄴ |

moon

[gluː] 글루ː

| ㄱ | (을)ㄹ | ㅜ |

glue

[ʧuː] 츄ː

| 취 | ㅜ |

chew

[bluː] 블루ː

| ㅂ | (을)ㄹ | ㅜ |

blue

- -

pool 수영장　　**moon** 달　　**chew** 씹다　　**roof** 지붕　　**glue** 접착제, 풀　　**blue** 파란; 파란색

Practice

정답 159쪽

A 소리 찾기 다음 단어에 알맞은 발음기호를 완성해 보세요.

1 chew   [ʧ ☐]   **2** blue   [bl ☐]

3 pool   [p ☐ l]   **4** roof   [r ☐ f]

5 moon   [m ☐ n]   **6** glue   [gl ☐]

B 발음기호 읽기 <보기>처럼 발음기호를 조합해 한글로 발음을 써 보세요.

	발음기호	발음조합	한글발음
보기	[ruːt]	r uː t ㄹ ㅜː ㅌ	루ː트
	[tuːb]	t uː b ㅌ ㅜː ㅂ	**1**
	[fuːd]	f uː d ㅍ ㅜː ㄷ	**2**
	[fluːt]	f l uː t ㅍ (을)ㄹ ㅜː ㅌ	**3**
	[gruːp]	g r uː p ㄱ ㄹ ㅜː ㅍ	**4**

root 뿌리   tube 튜브, 관   food 음식   flute 플루트   group 그룹, 무리

[e]

[e] = 에

[e]는 입을 한국어 '에' 모양으로 작게 벌리고, 턱을 아래로 내리며 짧게 '에'라고 발음합니다. 생긴 모양 그대로, 알파벳 e의 대표적인 소리예요.

동영상 강의

34 발음 듣기

[e]의 소리에 주의하면서 다음 단어를 읽어 보세요.

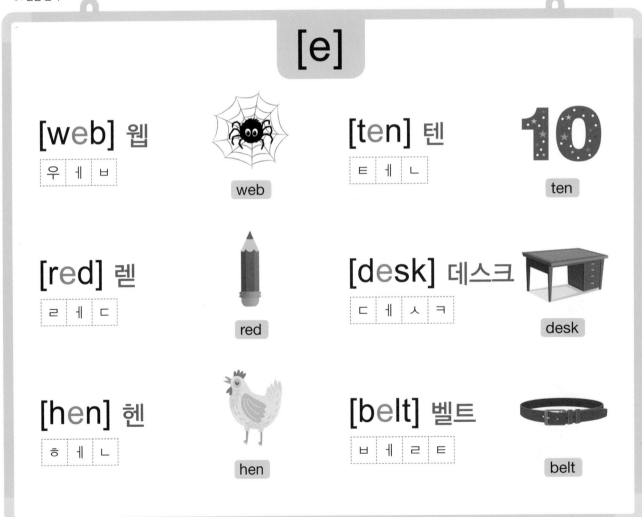

[e]

[web] 웹

| 우 | ㅔ | ㅂ |

web

[ten] 텐

| ㅌ | ㅔ | ㄴ |

ten

[red] 렏

| ㄹ | ㅔ | ㄷ |

red

[desk] 데스크

| ㄷ | ㅔ | ㅅ | ㅋ |

desk

[hen] 헨

| ㅎ | ㅔ | ㄴ |

hen

[belt] 벨트

| ㅂ | ㅔ | ㄹ | ㅌ |

belt

---

web 거미줄   **red** 빨간; 빨간색   **hen** 암탉   **ten** 열, 10   **desk** 책상   **belt** 허리띠, 벨트

Practice

정답 159쪽

A 소리 찾기 다음 단어에 알맞은 발음기호를 완성해 보세요.

1 red [r⬚d]   2 web [w⬚b]

3 ten [t⬚n]   4 desk [d⬚sk]

5 hen [h⬚n]   6 belt [b⬚lt]

B 발음기호 읽기 <보기>처럼 발음기호를 조합해 한글로 발음을 써 보세요.

	발음기호	발음조합	한글발음
보기	[tel]	t e l / ㅌ ㅔ ㄹ	텔
	[sel]	s e l / ㅆ ㅔ ㄹ	①
	[net]	n e t / ㄴ ㅔ ㅌ	②
	[end]	e n d / 에 ㄴ ㄷ	③
	[men]	m e n / ㅁ ㅔ ㄴ	④

tell 말하다　sell 팔다, 판매하다　net 그물　end 끝; 끝나다　men 남자들

75

35 발음 듣기

다음 발음기호를 보고 발음을 한글로 써 보세요. 정답 160쪽

[tékstbuk]	t	e	k	s	t	b	u	k
①	ㅌ	ㅔ	ㅋ	ㅅ	ㅌ	ㅂ	ㅜ	ㅋ

[bitwíːn]	b	i	t	w	iː	n
②	ㅂ	ㅣ	ㅌ	우	ㅣ	ㄴ

[kənklúːd]	k	ə	n	k	l	uː	d
③	ㅋ	ㅓ	ㄴ	ㅋ	(을)ㄹ	ㅜ	ㄷ

[éksələnt]	e	k	s	ə	l	ə	n	t
④	에	ㅋ	ㅆ	ㅓ	(을)ㄹ	ㅓ	ㄴ	ㅌ

[divéləp]	d	i	v	e	l	ə	p
⑤	ㄷ	ㅣ	ㅂ	ㅔ	(을)ㄹ	ㅓ	ㅍ

[díkʃənèri]	d	i	k	ʃ	ə	n	e	r	i
⑥	ㄷ	ㅣ	ㅋ	쉬	ㅓ	ㄴ	ㅔ	ㄹ	ㅣ

① textbook 교과서 ② between (둘) 사이에 ③ conclude 결론을 내리다
④ excellent 훌륭한, 탁월한 ⑤ develop 발달시키다, 개발하다 ⑥ dictionary 사전

 문장 읽기

발음기호를 참고해서 다음 문장을 읽어 보세요.   정답 160쪽

36 발음 듣기

01 [i]

The kid sits in the middle.
[ðə]   [kid]   [sits]   [in]   [ðə]   [midl]

그 아이는 중간에 앉아 있어요.

02 [i:]

I meet my niece at the beach.
[ai]   [mi:t]   [mai]   [ni:s]   [æt]   [ðə]   [bi:ʧ]

나는 내 조카를 그 해변에서 만나요.

03 [u]

The cook looks good.
[ðə]   [kuk]   [luks]   [gud]

그 요리사는 좋아 보여요.

04 [u:]

The house has a blue roof and a pool.
[ðə]   [haus]   [hæz]   [ə]   [blu:]   [ru:f]   [ænd]   [ə]   [pu:l]

그 집은 파란 지붕과 수영장을 갖고 있어요.

05 [e]

A red belt is on the desk.
[ə]   [red]   [belt]   [iz]   [ɑn]   [ðə]   [desk]

빨간 벨트 하나가 책상 위에 있어요.

---

in [인] ~에   **my** [마이] 나의, 내   **at** [앹] ~에서   **house** [하우스] 집   **has** [해즈] 가지고 있다 (have의 3인칭 단수형)
and [앤드] 그리고, ~와   **on** [안] ~위에

[æ]

[æ] = 애

a와 e를 합친 모양의 [æ]는 [e]보다 입을 옆으로 더 크게 벌리고 내는 소리입니다. 입꼬리를 양끝으로 힘껏 벌리며 '애' 하고 발음하세요.

동영상 강의

37 발음 듣기

[æ]의 소리에 주의하면서 다음 단어를 읽어 보세요.

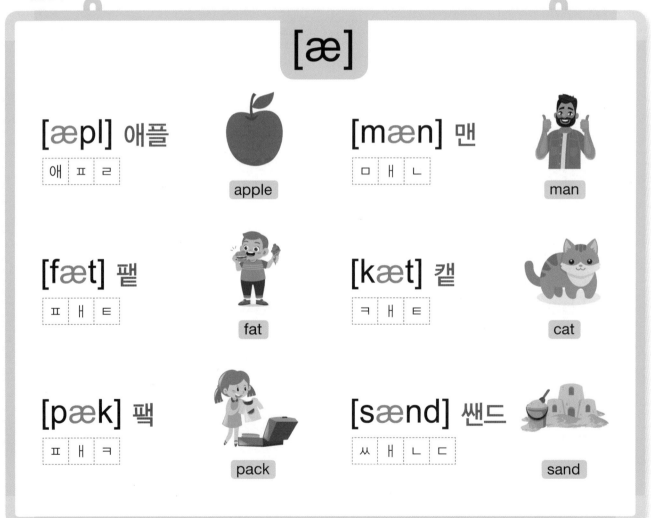

[æ]

[æpl] 애플

애	ㅍ	ㄹ

apple

[fæt] 퍁

ㅍ	ㅐ	ㅌ

fat

[pæk] 팩

ㅍ	ㅐ	ㅋ

pack

[mæn] 맨

ㅁ	ㅐ	ㄴ

man

[kæt] 컅

ㅋ	ㅐ	ㅌ

cat

[sænd] 쌘드

ㅆ	ㅐ	ㄴ	ㄷ

sand

apple 사과   **fat** 뚱뚱한   **pack** (짐을) 싸다   **man** 남자, 사람   **cat** 고양이   **sand** 모래

Practice

정답 160쪽

A 소리 찾기 　다음 단어에 알맞은 발음기호를 완성해 보세요.

1 pack　　[p [　] k]
2 apple　[[　] pl]
3 man　　[m [　] n]
4 sand　　[s [　] nd]
5 cat　　 [k [　] t]
6 fat　　 [f [　] t]

B 발음기호 읽기 　<보기>처럼 발음기호를 조합해 한글로 발음을 써 보세요.

	발음기호	발음조합			한글발음
보기	[bæd]	b ㅂ	æ ㅐ	d ㄷ	밷
	[ænt]	æ 애	n ㄴ	t ㅌ	①
	[pæs]	p ㅍ	æ ㅐ	s ㅅ	②
	[tæp]	t ㅌ	æ ㅐ	p ㅍ	③
	[kætʃ]	k ㅋ	æ ㅐ	tʃ 취	④

bad 나쁜　　ant 개미　　pass 건네주다, 통과하다　　tap 가볍게 두드리다　　catch 잡다

[ɑ]

[ɑ] = 아

[ɑ]는 한국어 '아'를 발음할 때처럼 입 모양을 만든 후, 턱을 아래로 더 내리면서 '아'
하고 발음합니다. 이 뒤에 :을 붙인 [ɑ:]는 길게 '아:' 하고 발음하는데, 주로 뒤에 [r]
와 함께 쓰여요. [ɑ:r] 발음은 102쪽을 참고하세요.

동영상 강의

38 발음 듣기

[ɑ]의 소리에 주의하면서 다음 단어를 읽어 보세요.

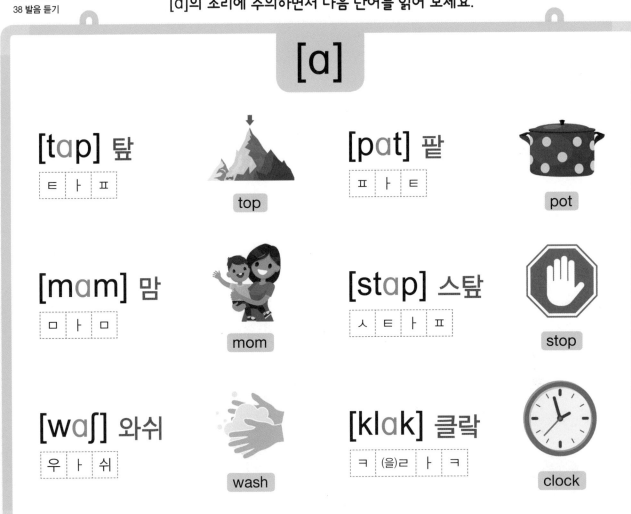

[ɑ]

[tɑp] 탚		[pɑt] 팥	
ㅌ	ㅏ	ㅍ	top	ㅍ	ㅏ	ㅌ	pot

[tɑp] 탚
ㅌ ㅏ ㅍ
top

[pɑt] 팥
ㅍ ㅏ ㅌ
pot

[mɑm] 맘
ㅁ ㅏ ㅁ
mom

[stɑp] 스탚
ㅅ ㅌ ㅏ ㅍ
stop

[wɑʃ] 와쉬
우 ㅏ 쉬
wash

[klɑk] 클락
ㅋ (을)ㄹ ㅏ ㅋ
clock

---

top 맨 위, 꼭대기   **mom** 엄마   **wash** 씻다   **pot** 냄비   **stop** 멈추다   **clock** 시계

80

Practice

정답 160쪽

A 소리 찾기　다음 단어에 알맞은 발음기호를 완성해 보세요.

① mom　[m ☐ m]　　② stop　[st ☐ p]

③ top　[t ☐ p]　　④ wash　[w ☐ ∫]

⑤ clock　[kl ☐ k]　　⑥ pot　[p ☐ t]

B 발음기호 읽기　<보기>처럼 발음기호를 조합해 한글로 발음을 써 보세요.

	발음기호	발음조합	한글발음
보기	[map]	m　ɑ　p ㅁ　ㅏ　ㅍ	맢
	[sɑk]	s　ɑ　k ㅆ　ㅏ　ㅋ	①
	[hɑt]	h　ɑ　t ㅎ　ㅏ　ㅌ	②
	[sɑb]	s　ɑ　b ㅆ　ㅏ　ㅂ	③
	[drɑp]	d　r　ɑ　p ㄷ　ㄹ　ㅏ　ㅍ	④

mop 대걸레　　sock 양말　　hot 뜨거운, 더운　　sob 흐느끼다　　drop 떨어뜨리다, 떨어지다

81

[ʌ]

[ʌ] = 어

v를 뒤집은 모양의 [ʌ]는 자음이 아닌 모음 소리를 나타내는 발음기호입니다. 주로 알파벳 u가 이 소리를 내지요. 턱을 아래로 내리면서 '어'와 '아'의 중간 소리를 내듯 '어' 하고 발음하세요.

동영상 강의

39 발음 듣기

[ʌ]의 소리에 주의하면서 다음 단어를 읽어 보세요.

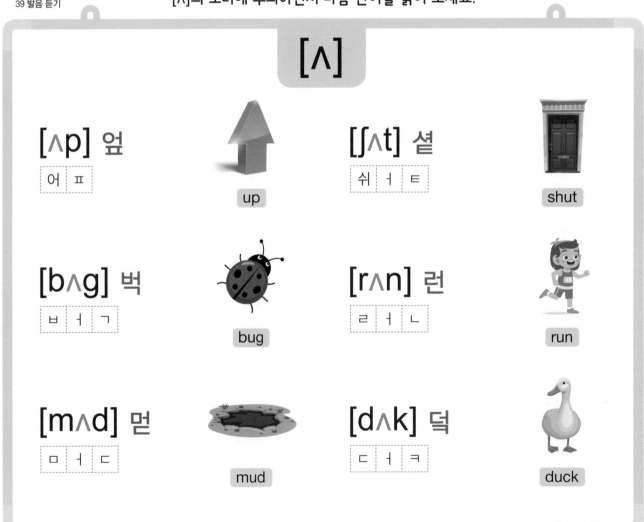

[ʌ]

[ʌp] 엎

어	ㅍ

up

[ʃʌt] 셭

쉬	ㅓ	ㅌ

shut

[bʌg] 벅

ㅂ	ㅓ	ㄱ

bug

[rʌn] 런

ㄹ	ㅓ	ㄴ

run

[mʌd] 먿

ㅁ	ㅓ	ㄷ

mud

[dʌk] 덕

ㄷ	ㅓ	ㅋ

duck

up 위로, 위쪽에   bug 벌레   mud 진흙   shut 닫다, 폐쇄하다   run 달리다, 뛰다   duck 오리

Practice

정답 160쪽

A 소리 찾기   다음 단어에 알맞은 발음기호를 완성해 보세요.

1 mud   [m ⬚ d]   2 duck   [d ⬚ k]

3 shut   [ʃ ⬚ t]   4 bug   [b ⬚ g]

5 run   [r ⬚ n]   6 up   [⬚ p]

B 발음기호 읽기   <보기>처럼 발음기호를 조합해 한글로 발음을 써 보세요.

	발음기호	발음조합			한글발음
보기	[mʌg]	m ㅁ	ʌ ㅓ	g ㄱ	먹
	[sʌn]	s ㅆ	ʌ ㅓ	n ㄴ	①
	[kʌt]	k ㅋ	ʌ ㅓ	t ㅌ	②
	[bʌd]	b ㅂ	ʌ ㅓ	d ㄷ	③
	[fʌn]	f ㅍ	ʌ ㅓ	n ㄴ	④

mug 머그잔   sun 해, 태양   cut 자르다   bud 싹, 꽃봉오리   fun 재미있는, 즐거운

[ə]

[ə] = 어

e를 거꾸로 뒤집은 모양의 [ə]는 발음의 세기(강세)가 거의 없는 약한 발음입니다. '어'와 '으'의 중간 소리인데, 힘을 빼고 약하게 '어' 하고 발음하세요. 앞에서 배운 [ʌ]보다 약한 소리입니다.

동영상 강의

40 발음 듣기

[ə]의 소리에 주의하면서 다음 단어를 읽어 보세요.

[ə]

[əlóun] 얼로운

| 어 | (을)ㄹ | ㅗ우 | ㄴ |

alone

[sóufə] 쏘우퍼

| 쓰 | ㅗ우 | ㅍ | ㅓ |

sofa

[kǽrət] 캐럳

| ㅋ | ㅐ | ㄹ | ㅓ | ㅌ |

carrot

[óuvəl] 오우벌

| 오우 | ㅂ | ㅓ | ㄹ |

oval

[sǽləd] 쌜럳

| 쓰 | ㅐ | (을)ㄹ | ㅓ | ㄷ |

salad

[bʌ́tən] 버턴

| ㅂ | ㅓ | ㅌ | ㅓ | ㄴ |

button

alone 혼자   **carrot** 당근   **salad** 샐러드   **sofa** 소파   **oval** 타원형   **button** 단추, 버튼

Practice

정답 160쪽

A 소리 찾기   다음 단어에 알맞은 발음기호를 완성해 보세요.

1 sofa   [sóuf[ ]]   2 salad   [sǽl[ ]d]

3 oval   [óuv[ ]l]   4 carrot   [kǽr[ ]t]

5 button   [bʌt[ ]n]   6 alone   [[ ]lóun]

B 발음기호 읽기   <보기>처럼 발음기호를 조합해 한글로 발음을 써 보세요.

발음기호	발음조합				한글발음
보기 [əláu]	ə	l	au		얼라우
	어	(을)ㄹ	ㅏ우		
[ʌ́vən]	ʌ	v	ə	n	①
	어	ㅂ	ㅓ	ㄴ	
[əgóu]	ə	g	ou		②
	어	ㄱ	ㅗ우		
[láiən]	l	ai	ə	n	③
	(을)ㄹ	ㅏ이	어	ㄴ	
[túːnə]	t	uː	n	ə	④
	ㅌ	ㅜː	ㄴ	ㅓ	

allow 허락하다, 허용하다   **oven** 오븐   **ago** ~전에   **lion** 사자   **tuna** 참치

(10) [ɔ:]

[ɔ:] = 오:

c가 거꾸로 된 모양의 [ɔ:]는 한국어에는 없는 모음 소리입니다. 깜짝 놀랐을 때 '어' 하듯 턱은 아래로 내리고 입술은 살짝 앞으로 내밀며 '오'와 '어'의 중간 소리로 '오:' 하고 발음하세요.

동영상 강의

41 발음 듣기

[ɔ:]의 소리에 주의하면서 다음 단어를 읽어 보세요.

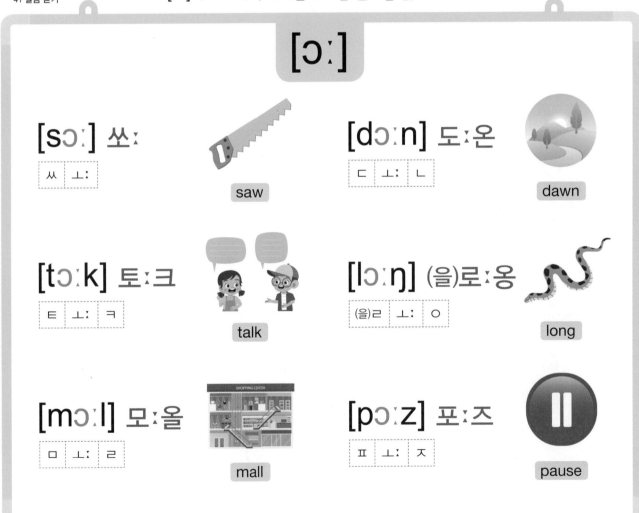

[ɔ:]

[sɔ:] 쏘:
| ㅆ | ㅗ: |
saw

[tɔ:k] 토:크
| ㅌ | ㅗ: | ㅋ |
talk

[mɔ:l] 모:올
| ㅁ | ㅗ: | ㄹ |
mall

[dɔ:n] 도:온
| ㄷ | ㅗ: | ㄴ |
dawn

[lɔ:ŋ] (을)로:옹
| (을)ㄹ | ㅗ: | ㅇ |
long

[pɔ:z] 포:즈
| ㅍ | ㅗ: | ㅈ |
pause

---

saw 톱; 봤다 (see의 과거형)　　**talk** 이야기하다; 대화　　**mall** 쇼핑몰　　**dawn** 새벽　　**long** 긴　　**pause** 잠시 멈추다

정답 160쪽

A 소리 찾기 다음 단어에 알맞은 발음기호를 완성해 보세요.

① pause [p ☐ z]   ② long [l ☐ ŋ]

③ mall [m ☐ l]   ④ saw [s ☐]

⑤ dawn [d ☐ n]   ⑥ talk [t ☐ k]

B 발음기호 읽기 <보기>처럼 발음기호를 조합해 한글로 발음을 써 보세요.

발음기호	발음조합			한글발음

보기	[drɔː]	d / ㄷ	r / ㄹ	ɔː / ㅗː	드로ː
	[sɔːs]	s / ㅆ	ɔː / ㅗː	s / ㅅ	①
	[lɔː]	l / (을)ㄹ	ɔː / ㅗː		②
	[kɔːf]	k / ㅋ	ɔː / ㅗː	f / ㅍ	③
	[fɔːlt]	f / ㅍ	ɔː / ㅗː	l / ㄹ	t / ㅌ	④

---

draw (그림을) 그리다   **sauce** 소스, 양념   **law** 법   **cough** 기침; 기침하다   **fault** 잘못, 책임

도전! 긴 단어 읽기 [æ] [ɑ] [ʌ] [ə] [ɔː]

42 발음 듣기

다음 발음기호를 보고 발음을 한글로 써 보세요.

정답 161쪽

[sʌ́mwʌn]	s	ʌ	m	w	ʌ	n
❶	ㅆ	ㅓ	ㅁ	우	ㅓ	ㄴ

[prínsəpəl]	p	r	i	n	s	ə	p	ə	l
❷	ㅍ	ㄹ	ㅣ	ㄴ	ㅆ	ㅓ	ㅍ	ㅓ	ㄹ

[mǽksəməm]	m	æ	k	s	ə	m	ə	m
❸	ㅁ	ㅐ	ㅋ	ㅆ	ㅓ	ㅁ	ㅓ	ㅁ

[prábləm]	p	r	ɑ	b	l	ə	m
❹	ㅍ	ㄹ	ㅏ	ㅂ	(을)ㄹ	ㅓ	ㅁ

[blákbʌstər]	b	l	ɑ	k	b	ʌ	s	t	ər
❺	ㅂ	(을)ㄹ	ㅏ	ㅋ	ㅂ	ㅓ	ㅅ	ㅌ	얼

[hɔ́ːrəbl]	h	ɔː	r	ə	b	l
❻	ㅎ	ㅗ:	ㄹ	ㅓ	ㅂ	ㄹ

❶ **someone** 누군가, 어떤 사람　❷ **principal** 교장; 주요한　❸ **maximum** 최대한의; 최대량
❹ **problem** 문제　❺ **blockbuster** (큰 돈을 들인) 대작 영화　❻ **horrible** 무서운, 끔찍한

도전! 문장 읽기

발음기호를 참고해서 다음 문장을 읽어 보세요.　정답 161쪽

06 [æ]

The man has a fat cat.
[ðə]　[mæn]　[hæz]　[ə]　[fæt]　[kæt]

그 남자는 뚱뚱한 고양이 한 마리를 가지고 있어요.

07 [ɑ]

My mom will wash the pot.
[mai]　[mɑm]　[wil]　[wɑʃ]　[ðə]　[pɑt]

나의 엄마는 그 냄비를 씻을 거예요.

08 [ʌ]

The duck caught a bug in the mud.
[ðə]　[dʌk]　[kɔːt]　[ə]　[bʌg]　[in]　[ðə]　[mʌd]

그 오리는 진흙 속에서 벌레 한 마리를 잡았어요.

09 [ə]

I eat carrot salad alone.
[ai]　[iːt]　[kǽrət]　[sǽləd]　[əlóun]

나는 혼자 당근 샐러드를 먹어요.

10 [ɔː]

We had a long talk at the mall.
[wi]　[hæd]　[ə]　[lɔːn]　[tɔːk]　[æt]　[ðə]　[mɔːl]

우리는 쇼핑몰에서 긴 대화를 나누었어요.

---

has [해즈] 가지고 있다 (have의 3인칭 단수형)　**my** [마이] 나의　**will** [윌] ~할 것이다　**caught** [코ː트] 잡았다 (catch의 과거형)
eat [이ː트] 먹다　**we** [위] 우리는　**had** [해드] 가졌다 (have의 과거형)

(11) [ai]

[ai] = 아이

[ai]는 두 소리를 합친 이중모음입니다. 첫소리 '아'는 자연스럽게 입을 벌리고 소리 내고, '이'는 '에' 발음을 하듯 턱을 내리며 소리를 냅니다. 두 소리를 연결해 '아이' 하고 발음하는데, 뒤의 '이' 소리를 더 약하게 발음하세요.

동영상 강의

44 발음 듣기

[ai]의 소리에 주의하면서 다음 단어를 읽어 보세요.

[ai]

[ais] 아이스

| 아이 | ㅅ |

ice

[laik] (을)라익

| (을)ㄹ | ㅏ이 | ㅋ |

like

[mai] 마이

| ㅁ | ㅏ이 |

my

[waif] 와잎

| 우 | ㅏ이 | ㅍ |

wife

[nait] 나잍

| ㄴ | ㅏ이 | ㅌ |

knight

[dais] 다이스

| ㄷ | ㅏ이 | ㅅ |

dice

- -

ice 얼음   **my** 나의, 내   **knight** 기사 (k는 소리 나지 않아요)   **like** 좋아하다   **wife** 아내   **dice** 주사위

Practice

정답 161쪽

A 소리 찾기 다음 단어에 알맞은 발음기호를 완성해 보세요.

1 wife [w ☐ f]
2 dice [d ☐ s]
3 ice [☐ s]
4 my [m ☐]
5 knight [n ☐ t]
6 like [l ☐ k]

B 발음기호 읽기 <보기>처럼 발음기호를 조합해 한글로 발음을 써 보세요.

발음기호	발음조합			한글발음
보기 [dain]	d ㄷ	ai ㅏ이	n ㄴ	다인
[bait]	b ㅂ	ai ㅏ이	t ㅌ	①
[raid]	r ㄹ	ai ㅏ이	d ㄷ	②
[daiv]	d ㄷ	ai ㅏ이	v ㅂ	③
[fail]	f ㅍ	ai ㅏ이	l ㄹ	④

dine 식사를 하다 bite 물다 ride (차, 자전거를) 타다 dive 잠수하다 file 파일, 서류철

[ei]

[ei] = 에이

[ei]는 첫소리 '에' 소리의 입 모양을 유지하면서 혀 안쪽을 아래로 누르며 '이' 발음을 연결합니다. 부드럽게 이어 하나의 소리처럼 **'에이'** 하고 발음하세요.

동영상 강의

45 발음 듣기

[ei]의 소리에 주의하면서 다음 단어를 읽어 보세요.

[ei]

[eid] 에읻
에이 ㄷ
aid

[keik] 케잌
ㅋ ㅔㅣ ㅋ
cake

[dei] 데이
ㄷ ㅔㅣ
day

[grei] 그레이
ㄱ ㄹ ㅔㅣ
gray

[sneil] 스네일
ㅅ ㄴ ㅔㅣ ㄹ
snail

[trein] 트레인
ㅌ ㄹ ㅔㅣ ㄴ
train

aid 도움, 지원   **day** 날, 하루   **snail** 달팽이   **cake** 케이크   **gray** 회색(의)   **train** 기차

Practice

정답 161쪽

A 소리 찾기   다음 단어에 알맞은 발음기호를 완성해 보세요.

① cake   [k ⬚ k]   ② aid   [⬚ d]

③ gray   [gr ⬚]   ④ train   [tr ⬚ n]

⑤ snail   [sn ⬚ l]   ⑥ day   [d ⬚]

B 발음기호 읽기   <보기>처럼 발음기호를 조합해 한글로 발음을 써 보세요.

	발음기호	발음조합			한글발음
보기	[pei]	p ㅍ	ei ㅔ이		페이
	[sei]	s ㅆ	ei ㅔ이		①
	[weit]	w 우	ei ㅔ이	t ㅌ	②
	[meik]	m ㅁ	ei ㅔ이	k ㅋ	③
	[peint]	p ㅍ	ei ㅔ이 n ㄴ	t ㅌ	④

pay 돈을 지불하다   **say** 말하다   **wait** 기다리다   **make** 만들다   **paint** 페인트, 물감

[au]

[au] = 아우

[au]는 첫소리 '아'는 자연스럽게 입을 벌려 소리 내고, '우'는 '으' 발음의 입 모양을 한 상태에서 '우' 소리를 내어 **아우** 하고 부드럽게 이어서 발음합니다.

동영상 강의

46 발음 듣기

[au]의 소리에 주의하면서 다음 단어를 읽어 보세요.

[au]

[aul] 아울

| 아우 | ㄹ |

owl

[mauθ] 마우뜨

| ㅁ | ㅏ | 우 | ㄸ |

mouth

[kau] 카우

| ㅋ | ㅏ | 우 |

cow

[braun] 브라운

| ㅂ | ㄹ | ㅏ | 우 | ㄴ |

brown

[ʃaut] 샤웉

| 쉬 | ㅏ | 우 | ㅌ |

shout

[klaud] 클라웉

| ㅋ | (을)ㄹ | ㅏ | 우 | ㄷ |

cloud

owl 부엉이, 올빼미   cow 소, 젖소   shout 소리치다, 외치다   mouth 입   brown 갈색(의)   cloud 구름

Practice

정답 161쪽

A 소리 찾기   다음 단어에 알맞은 발음기호를 완성해 보세요.

1 cow   [k ⬜]   2 mouth   [m ⬜ θ]

3 cloud   [kl ⬜ d]   4 brown   [br ⬜ n]

5 shout   [ʃ ⬜ t]   6 owl   [⬜ l]

B 발음기호 읽기   <보기>처럼 발음기호를 조합해 한글로 발음을 써 보세요.

	발음기호	발음조합			한글발음
보기	[daun]	d / ㄷ	au / ㅏ우	n / ㄴ	다운
	[taun]	t / ㅌ	au / ㅏ우	n / ㄴ	1
	[sauθ]	s / ㅆ	au / ㅏ우	θ / ㄸ	2
	[raund]	r / ㄹ	au / ㅏ우	n / ㄴ d / ㄷ	3
	[fraun]	f / ㅍ r / ㄹ	au / ㅏ우	n / ㄴ	4

down 아래로, 아래쪽에   town 마을   south 남쪽   round 둥근   frown 눈살을 찌푸리다

14 [ou]

[ou] = 오우

[ou]는 알파벳 o의 이름과 소리가 같아요. 첫소리 '오'는 입을 약간 벌려 발음하고, '우'는 '으' 발음의 입 모양을 한 상태에서 '우'를 소리 내어 **오우** 하고 부드럽게 이어 발음합니다.

동영상 강의

47 발음 듣기

[ou]의 소리에 주의하면서 다음 단어를 읽어 보세요.

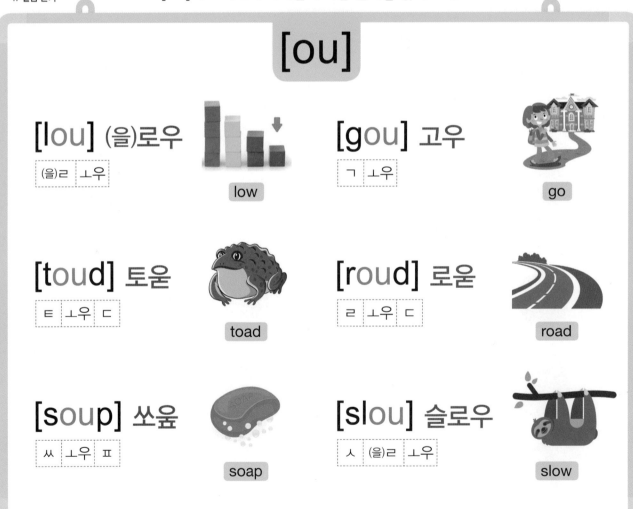

[ou]

[lou] (을)로우
| (을)ㄹ | ㅗ우 |

low

[gou] 고우
| ㄱ | ㅗ우 |

go

[toud] 토웉
| ㅌ | ㅗ우 | ㄷ |

toad

[roud] 로웉
| ㄹ | ㅗ우 | ㄷ |

road

[soup] 쏘웊
| ㅆ | ㅗ우 | ㅍ |

soap

[slou] 슬로우
| ㅅ | (을)ㄹ | ㅗ우 |

slow

low (높이가) 낮은   toad 두꺼비   soap 비누   go 가다   road 길, 도로   slow 느린

96

Practice

정답 161쪽

A **소리 찾기** 다음 단어에 알맞은 발음기호를 완성해 보세요.

① road [r◻d] ② low [l◻]

③ go [g◻] ④ slow [sl◻]

⑤ toad [t◻d] ⑥ soap [s◻p]

B **발음기호 읽기** <보기>처럼 발음기호를 조합해 한글로 발음을 써 보세요.

발음기호	발음조합				한글발음
보기 [nou]	n ㄴ	ou ㅗ우			노우
[tou]	t ㅌ	ou ㅗ우			①
[boul]	b ㅂ	ou ㅗ우	l ㄹ		②
[gould]	g ㄱ	ou ㅗ우	l ㄹ	d ㄷ	③
[nǽrou]	n ㄴ	æ ㅐ	r ㄹ	ou ㅗ우	④

know 알다, 알고 있다   toe 발가락   bowl (오목한) 그릇   gold 금   narrow 좁은

15 [ɔi]

[ɔi] = 오이

[ɔi]에서 첫소리 '오'는 '오'와 '어'의 중간 소리를 내고, '이'는 '에' 소리 입 모양을 한 채
로 '이' 소리를 내어 **오이** 하고 부드럽게 발음합니다.

동영상 강의

48 발음 듣기

[ɔi]의 소리에 주의하면서 다음 단어를 읽어 보세요.

[ɔi]

[ɔil] 오일

오이	ㄹ

oil

[bɔi] 보이

ㅂ	ㅗ이

boy

[tɔi] 토이

ㅌ	ㅗ이

toy

[ənɔi] 어노이

어	ㄴ	ㅗ이

annoy

[nɔizi] 노이지

ㄴ	ㅗ이	ㅈ	ㅣ

noisy

[pɔint] 포인트

ㅍ	ㅗ이	ㄴ	ㅌ

point

oil 기름, 석유   **boy** 소년   **toy** 장난감   **annoy** 짜증나게 하다   **noisy** 시끄러운   **point** (손가락 등으로) 가리키다

Practice

정답 162쪽

A 소리 찾기　다음 단어에 알맞은 발음기호를 완성해 보세요.

① boy　[b ⬜]

② annoy　[ən ⬜]

③ toy　[t ⬜]

④ point　[p ⬜ nt]

⑤ oil　[⬜ l]

⑥ noisy　[n ⬜ zi]

B 발음기호 읽기　<보기>처럼 발음기호를 조합해 한글로 발음을 써 보세요.

	발음기호	발음조합	한글발음
보기	[bɔil]	b / ɔi / l ㅂ / ㅗ이 / ㄹ	보일
	[sɔi]	s / ɔi ㅆ / ㅗ이	①
	[kɔin]	k / ɔi / n ㅋ / ㅗ이 / ㄴ	②
	[spɔil]	s / p / ɔi / l ㅅ / ㅍ / ㅗ이 / ㄹ	③
	[indʒɔi]	i / n / dʒ / ɔi 이 / ㄴ / 쥐 / ㅗ이	④

boil 끓이다, 끓다　soy 콩　coin 동전　spoil 망치다; (음식이) 상하다　enjoy 즐기다

99

49 발음 듣기

다음 발음기호를 보고 발음을 한글로 써 보세요.   정답 162쪽

[dáinəmàit]	d	ai	n	ə	m	ai	t
①	ㄷ	ㅏ이	ㄴ	ㅓ	ㅁ	ㅏ이	ㅌ

[veikéiʃən]	v	ei	k	ei	ʃ	ə	n
②	ㅂ	ㅔ이	ㅋ	ㅔ이	쉬	ㅓ	ㄴ

[pətéitou]	p	ə	t	ei	t	ou
③	ㅍ	ㅓ	ㅌ	ㅔ이	ㅌ	ㅗ우

[autgóuiŋ]	au	t	g	ou	i	ŋ
④	아우	ㅌ	ㄱ	ㅗ우	이	ㅇ

[nóutisəbl]	n	ou	t	i	s	ə	b	l
⑤	ㄴ	ㅗ우	ㅌ	ㅣ	ㅆ	ㅓ	ㅂ	ㄹ

[pɔ́izənəs]	p	ɔi	z	ə	n	ə	s
⑥	ㅍ	ㅗ이	ㅈ	ㅓ	ㄴ	ㅓ	ㅅ

① dynamite 다이너마이트, 위험물 ② vacation 방학, 휴가 ③ potato 감자
④ outgoing 사교적인 ⑤ noticeable 눈에 띄는, 주목할 만한 ⑥ poisonous 독성의, 유해한

 **문장 읽기**

50 발음 듣기

발음기호를 참고해서 다음 문장을 읽어 보세요.   정답 162쪽

---

11 [ai]

I like my wife.
[ai] [laik] [mai] [waif]

나는 나의 아내를 좋아해요.

---

12 [ei]

A gray snail is in the train.
[ə] [grei]   [sneil] [iz] [in] [ðə]   [trein]

회색 달팽이 한 마리가 그 기차 안에 있어요.

---

13 [au]

I have a brown cow and an owl.
[ai] [hæv] [ə] [braun]   [kau] [ænd] [ən] [aul]

나는 갈색 소와 올빼미 한 마리를 가지고 있어요.

---

14 [ou]

A toad goes down the road.
[ə] [toud]   [gouz]   [daun]   [ðə]   [roud]

두꺼비 한 마리가 그 길 아래로 내려가요.

---

15 [ɔi]

The boy has a noisy toy.
[ðə]   [bɔi] [hæz] [ə] [nɔ́izi]   [tɔi]

그 소년은 시끄러운 장난감 하나를 갖고 있어요.

---

in [인] ∼안에, ∼속에   **have** [햅] 가지고 있다   **down** [다운] 아래로, 아래쪽으로   **has** [해즈] 가지고 있다 (have의 3인칭 단수형)

[ɑːr]

[ɑːr] = 아ː알

[ɑːr]은 입을 위아래로 벌려 길게 '아' 소리를 내면서, 혀끝을 안쪽으로 말아 올려 [r] 발음과 연결해 '아ː알' 하고 발음합니다.

동영상 강의

51 발음 듣기

[ɑːr]의 소리에 주의하면서 다음 단어를 읽어 보세요.

[ɑːr]

[ɑːrt] 아ː알트
아ː알 ㅌ
art

[pɑːrk] 파ː알크
ㅍ ㅏː알 ㅋ
park

[kɑːr] 카ː알
ㅋ ㅏː알
car

[hɑːrd] 하ː알드
ㅎ ㅏː알 ㄷ
hard

[dʒɑːr] 좌ː알
쥐 ㅏː알
jar

[stɑːr] 스타ː알
ㅅ ㅌ ㅏː알
star

art 예술, 미술   car 자동차   jar 유리병, 항아리   park 공원   hard 열심히; 어려운   star 별

Practice

정답 162쪽

A 소리 찾기 다음 단어에 알맞은 발음기호를 완성해 보세요.

① car　　[k □]　　　② art　　[□ t]

③ star　　[st □]　　　④ jar　　[ʤ □]

⑤ park　　[p □ k]　　　⑥ hard　　[h □ d]

B 발음기호 읽기 <보기>처럼 발음기호를 조합해 한글로 발음을 써 보세요.

	발음기호	발음조합	한글발음
보기	[fɑːr]	f　　ɑːr ㅍ　ㅏː알	파ː알
	[kɑːrd]	k　ɑːr　d ㅋ　ㅏː알　ㄷ	①
	[bɑːr]	b　　ɑːr ㅂ　　ㅏː알	②
	[dɑːrk]	d　ɑːr　k ㄷ　ㅏː알　ㅋ	③
	[ɑ́ːrmi]	ɑːr　m　i 아ː알　ㅁ　ㅣ	④

far 멀리　card 카드　bar 막대　dark 어두운, 깜깜한　army 군대

[əːr]

[əːr] = 어ː얼

[əːr]은 길고 강하게 '어' 소리를 내면서, 혀끝을 안쪽으로 말아 올려 [r] 발음과 연결해 '어ː얼' 하고 발음합니다.

동영상 강의

52 발음 듣기

[əːr]의 소리에 주의하면서 다음 단어를 읽어 보세요.

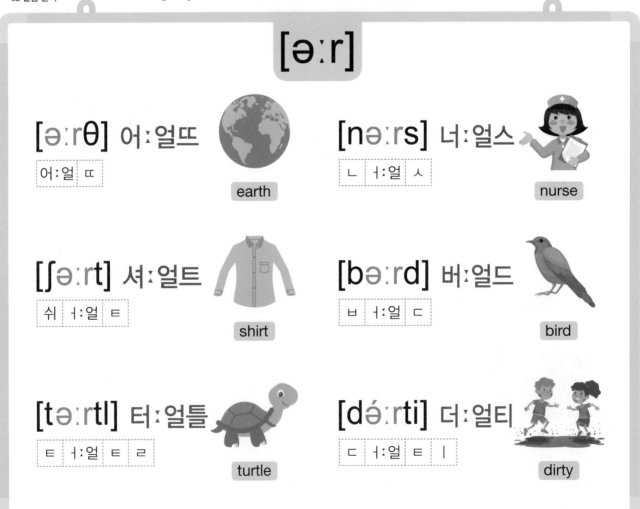

[əːr]

[əːrθ] 어ː얼뜨

| 어ː얼 | 뜨 |

earth

[nəːrs] 너ː얼스

| ㄴ | ㅓ ː얼 | ㅅ |

nurse

[ʃəːrt] 셔ː얼트

| 쉬 | ㅓ ː얼 | ㅌ |

shirt

[bəːrd] 버ː얼드

| ㅂ | ㅓ ː얼 | ㄷ |

bird

[təːrtl] 터ː얼틀

| ㅌ | ㅓ ː얼 | ㅌ | ㄹ |

turtle

[déːrti] 더ː얼티

| ㄷ | ㅓ ː얼 | ㅌ | ㅣ |

dirty

earth 지구　**shirt** 셔츠　**turtle** 거북　**nurse** 간호사　**bird** 새　**dirty** 더러운

Practice

정답 162쪽

A 소리 찾기 다음 단어에 알맞은 발음기호를 완성해 보세요.

1 turtle [t [ ] tl]

2 nurse [n [ ] s]

3 dirty [d [ ] ti]

4 earth [[ ] θ]

5 bird [b [ ] d]

6 shirt [ʃ [ ] t]

B 발음기호 읽기 <보기>처럼 발음기호를 조합해 한글로 발음을 써 보세요.

	발음기호	발음조합			한글발음
보기	[həːrt]	h / ㅎ	əːr / ㅓːㄹ	t / ㅌ	허ː얼트
	[wəːrd]	w / 우	əːr / ㅓːㄹ	d / ㄷ	①
	[pəːrs]	p / ㅍ	əːr / ㅓːㄹ	s / ㅅ	②
	[fəːrst]	f / ㅍ	əːr / ㅓːㄹ	s / ㅅ	t / ㅌ	③
	[skəːrt]	s / ㅅ	k / ㅋ	əːr / ㅓːㄹ	t / ㅌ	④

hurt 다치게 하다, 아프다 word 단어, 말 purse (여성용) 핸드백, 지갑 first 처음의, 첫 번째의 skirt 치마

(18) [ər]

[ər] = 얼

84쪽에서 [ə]는 강세가 없는 약한 '어' 소리라고 배웠는데요. [ər]은 '으' 입 모양을 하고 '어'를 약하게 소리 내면서, 혀끝을 안쪽으로 말아 올려 [r] 발음과 연결해 **얼** 하고 짧고 약하게 발음해요.

동영상 강의

53 발음 듣기

[ər]의 소리에 주의하면서 다음 단어를 읽어 보세요.

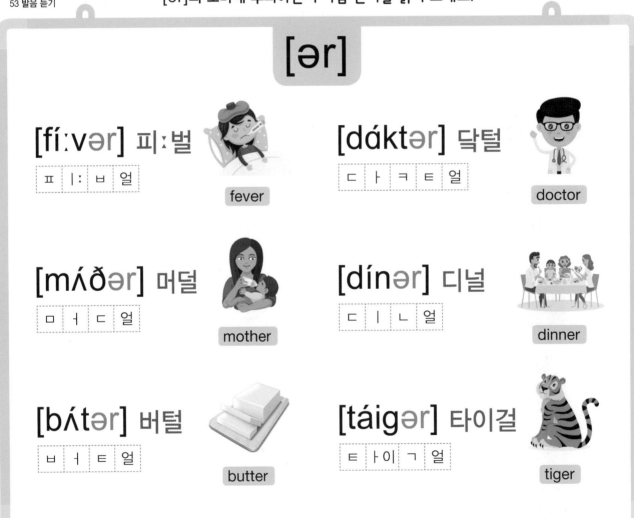

[ər]

[fíːvər] 피ː벌

| 피 | ː | ㅂ | 얼 |

fever

[dáktər] 닥털

| ㄷ | ㅏ | ㅋ | ㅌ | 얼 |

doctor

[mʌðər] 머덜

| ㅁ | ㅓ | ㄷ | 얼 |

mother

[dínər] 디널

| ㄷ | ㅣ | ㄴ | 얼 |

dinner

[bʌtər] 버털

| ㅂ | ㅓ | ㅌ | 얼 |

butter

[táigər] 타이걸

| ㅌ | ㅏ이 | ㄱ | 얼 |

tiger

fever 열, 발열   mother 어머니   butter 버터   doctor 의사   dinner 저녁 식사   tiger 호랑이

정답 162쪽

A 소리 찾기 다음 단어에 알맞은 발음기호를 완성해 보세요.

1 mother [mʌð☐] **2** butter [bʌt☐]

3 doctor [dάkt☐] **4** fever [fíːv☐]

5 dinner [dín☐] **6** tiger [táig☐]

B 발음기호 읽기 <보기>처럼 발음기호를 조합해 한글로 발음을 써 보세요.

	발음기호	발음조합				한글발음
보기	[fάðər]	f / ㅍ	ɑ / ㅏ	ð / ㄷ	ər / 얼	파덜
	[wɔ́ːtər]	w / 우	ɔː / ㅗː	t / ㅌ	ər / 얼	**1**
	[kʌ́vər]	k / ㅋ	ʌ / ㅓ	v / ㅂ	ər / 얼	**2**
	[péipər]	p / ㅍ	ei / ㅔ이	p / ㅍ	ər / 얼	**3**
	[ǽktər]	æ / 애	k / ㅋ	t / ㅌ	ər / 얼	**4**

father 아버지 water 물 cover 덮다; 덮개 paper 종이 actor 배우

[ɔːr]

[ɔːr] = 오ː얼

[ɔːr]은 턱을 아래로 내리고 길게 '오' 소리를 내면서, 혀끝을 안쪽으로 말아 올려 [r] 발음을 연결해 '오ː얼' 하고 발음합니다.

동영상 강의

54 발음 듣기

[ɔːr]의 소리에 주의하면서 다음 단어를 읽어 보세요.

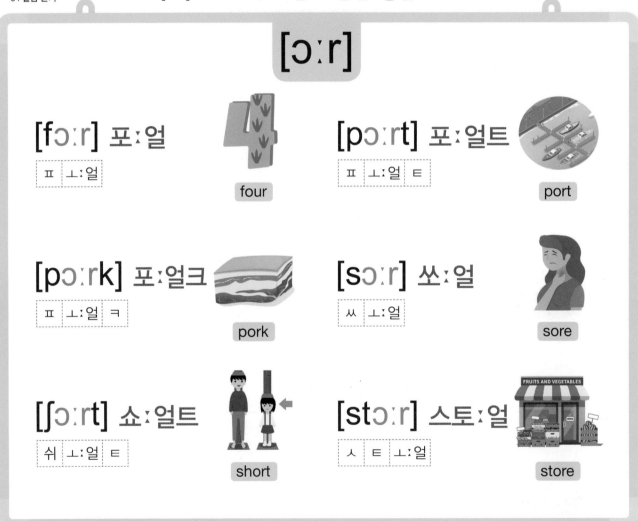

[ɔːr]

[fɔːr] 포ː얼

| ㅍ | ㅗː얼 |

four

[pɔːrt] 포ː얼트

| ㅍ | ㅗː얼 | ㅌ |

port

[pɔːrk] 포ː얼크

| ㅍ | ㅗː얼 | ㅋ |

pork

[sɔːr] 쏘ː얼

| ㅆ | ㅗː얼 |

sore

[ʃɔːrt] 쇼ː얼트

| 쉬 | ㅗː얼 | ㅌ |

short

[stɔːr] 스토ː얼

| ㅅ | ㅌ | ㅗː얼 |

store

---

four 넷, 4　　**pork** 돼지고기　　**short** 키가 작은, 짧은　　**port** 항구　　**sore** (염증으로) 아픈, 쓰라린　　**store** 가게

Ⓐ **소리 찾기**   다음 단어에 알맞은 발음기호를 완성해 보세요.

❶ sore   [s [ ]]

❷ four   [f [ ]]

❸ store   [st [ ]]

❹ pork   [p [ ] k]

❺ short   [ʃ [ ] t]

❻ port   [p [ ] t]

Ⓑ **발음기호 읽기**   <보기>처럼 발음기호를 조합해 한글로 발음을 써 보세요.

	발음기호	발음조합			한글발음
보기	[fɔːrk]	f ㅍ	ɔːr ㅗː얼	k ㅋ	포ː얼크
	[sɔːrt]	s ㅆ	ɔːr ㅗː얼	t ㅌ	❶
	[bɔːrd]	b ㅂ	ɔːr ㅗː얼	d ㄷ	❷
	[dɔːr]	d ㄷ	ɔːr ㅗː얼		❸
	[nɔːrθ]	n ㄴ	ɔːr ㅗː얼	θ ㄸ	❹

fork 포크   sort 분류하다; 종류   bored 지루한   door 문   north 북쪽

55 발음 듣기

다음 발음기호를 보고 발음을 한글로 써 보세요.   정답 163쪽

[béːrθdèi]	b	əːr	θ	d	ei
❶	ㅂ	ㅓː얼	ㄸ	ㄷ	께이

[blǽkbɔ̀ːrd]	b	l	æ	k	b	ɔːr	d
❷	ㅂ	(을)ㄹ	ㅐ	ㅋ	ㅂ	ㅗː얼	ㄷ

[kəmpjúːtər]	k	ə	m	p	j	uː	t	ər
❸	ㅋ	ㅓ	ㅁ	ㅍ	이	ㅜː	ㅌ	얼

[fɔ́ːrwərd]	f	ɔːr	w	ər	d
❹	ㅍ	ㅗː얼	우	얼	ㄷ

[prizéːrv]	p	r	i	z	əːr	v
❺	ㅍ	ㄹ	ㅣ	ㅈ	ㅓː얼	ㅂ

[əpáːrtmənt]	ə	p	ɑːr	t	m	ə	n	t
❻	어	ㅍ	ㅏː알	ㅌ	ㅁ	ㅓ	ㄴ	ㅌ

❶ birthday 생일   ❷ blackboard 칠판   ❸ computer 컴퓨터
❹ forward 앞으로   ❺ preserve 보호하다, 지키다   ❻ apartment 아파트

110

 문장 읽기

정답 163쪽

56 발음 듣기

발음기호를 참고해서 다음 문장을 읽어 보세요.

16 [ɑːr]

We go to the art park by car.
[wi] [gou] [tu] [ði] [ɑːrt] [pɑːrk] [bai] [kɑːr]

우리는 차로 그 예술 공원에 가요.

17 [əːr]

The nurse washes a dirty shirt.
[ðə]   [nəːrs]   [waʃiz] [ə] [də́ːrti] [ʃəːrt]

그 간호사는 더러운 셔츠를 빨아요.

18 [ər]

The doctor had dinner with her mother.
[ðə] [dɑ́ktər] [hæd] [dínər] [wið] [hər] [mʌ́ðər]

그 의사는 그녀의 어머니와 함께 저녁을 먹었어요.

19 [ɔːr]

There are four short kids in the store.
[ðɛər]   [ɑːr] [fɔːr]   [ʃɔːrt] [kidz] [in] [ðə] [stɔːr]

키가 작은 아이들 넷이 그 가게 안에 있어요.

we [위] 우리는   go [고우] 가다   to [투] (목적지)로   by [바이] (수단)으로   wash [와쉬] 씻다
had [해드] 먹었다 (have의 과거형)   with [위드] ~와 함께   her [헐] 그녀의   kids [킨즈] 아이들 (kid의 복수형)

[ɛər]

[ɛər] = 에얼

[ɛər]은 입을 작게 벌려 '에' 소리를 내면서, 혀끝을 안쪽으로 말아 올려 [r] 발음과 연결해 '**에얼**' 하고 발음합니다.

동영상 강의

57 발음 듣기

[ɛər]의 소리에 주의하면서 다음 단어를 읽어 보세요.

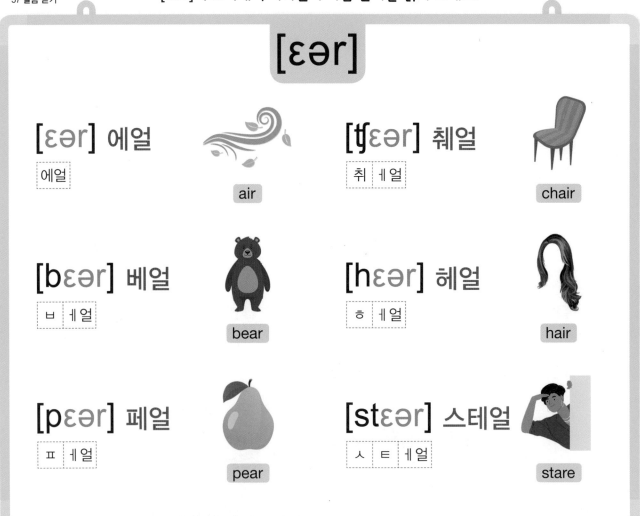

[ɛər]

[ɛər] 에얼
| 에얼 |

air

[ʧɛər] 췌얼
| 취 | ㅔ | 얼 |

chair

[bɛər] 베얼
| ㅂ | ㅔ얼 |

bear

[hɛər] 헤얼
| ㅎ | ㅔ | 얼 |

hair

[pɛər] 페얼
| ㅍ | ㅔ | 얼 |

pear

[stɛər] 스테얼
| ㅅ | ㅌ | ㅔ | 얼 |

stare

air 공기, 대기   **bear** 곰   **pear** 배 (과일)   **chair** 의자   **hair** 머리털, 머리카락   **stare** 응시하다, 빤히 쳐다보다

A 소리 찾기 다음 단어에 알맞은 발음기호를 완성해 보세요.

1 bear [b ⬚]   **2** pear [p ⬚]

3 stare [st ⬚]   **4** hair [h ⬚]

5 chair [ʧ ⬚]   **6** air [⬚]

B 발음기호 읽기 <보기>처럼 발음기호를 조합해 한글로 발음을 써 보세요.

	발음기호	발음조합			한글발음
보기	[kɛər]	k / ㅋ	εər / ㅔ얼		케얼
	[fɛər]	f / ㅍ	εər / ㅔ얼		**1**
	[ʃɛər]	ʃ / 쉬	εər / ㅔ얼		**2**
	[skɛər]	s / ㅅ	k / ㅋ	εər / ㅔ얼	**3**
	[ripɛər]	r / ㄹ i / ㅣ	p / ㅍ	εər / ㅔ얼	**4**

care 돌봄, 보살핌   fair 공정한, 타당한   share 나누다, 함께 쓰다   scare 겁먹게 하다   repair 수리하다; 수리

㉑ [iər]

[iər] = 이얼

[iər]은 '에'의 입 모양을 하고 '이' 소리를 내면서, 혀끝을 안쪽으로 말아 올려 [r] 발음과 연결해 '**이얼**' 하고 발음합니다.

동영상 강의

58 발음 듣기

[iər]의 소리에 주의하면서 다음 단어를 읽어 보세요.

[iər]

[iər] 이얼 이얼 ear	**[niər] 니얼** ㄴ ㅣ 얼 near
[diər] 디얼 ㄷ ㅣ 얼 deer	**[tiər] 티얼** ㅌ ㅣ 얼 tear
[fiər] 피얼 ㅍ ㅣ 얼 fear	**[kliər] 클리얼** ㅋ (을)ㄹ ㅣ 얼 clear

ear 귀   deer 사슴   fear 두려움   near 가까운, 근처의   tear 눈물   clear (날씨가) 맑은; 분명한

114

Practice

정답 163쪽

A 소리 찾기   다음 단어에 알맞은 발음기호를 완성해 보세요.

① clear   [kl ⬚]   ② ear   [⬚]

③ fear   [f ⬚]   ④ tear   [t ⬚]

⑤ near   [n ⬚]   ⑥ deer   [d ⬚]

B 발음기호 읽기   <보기>처럼 발음기호를 조합해 한글로 발음을 써 보세요.

	발음기호	발음조합	한글발음
보기	[ʧiər]	ʧ iər 취 ㅣ얼	취얼
	[hiər]	h iər ㅎ ㅣ얼	①
	[biərd]	b iər d ㅂ ㅣ얼 ㄷ	②
	[riər]	r iər ㄹ ㅣ얼	③
	[kəríər]	k ə r iər ㅋ ㅓ ㄹ ㅣ얼	④

cheer 응원하다, 환호하다   hear 듣다   beard 턱수염   rear 뒷부분   career 경력, 직업

115

㉒ [uər]

[uər] = 우얼

[uər]은 짧게 '우' 소리를 내면서, 혀끝을 안쪽으로 말아 올려 [r] 발음과 연결하여 '**우얼**' 하고 발음합니다. 앞에 [j]가 붙은 [juər]은 '**유얼**'로 발음하고, 앞에 [a]가 붙은 [auər]은 한 번에 '**아우얼**'이라고 발음해요.

동영상 강의

59 발음 듣기

[uər]의 소리에 주의하면서 다음 단어를 읽어 보세요.

[uər]

[p**uər**] 푸얼
ㅍ ㅜ얼
poor

[pj**uər**] 퓨얼
ㅍ 이 ㅜ얼
pure

[ʃ**uər**] 슈얼
쉬 ㅜ얼
sure

[a**uər**] 아우얼
아우얼
hour

[kj**uər**] 큐얼
ㅋ 이 ㅜ얼
cure

[sa**uər**] 싸우얼
ㅆ ㅏ우얼
sour

---

poor 가난한   **sure** 확실한, 확신하는   **cure** 치료하다   **pure** 순수한, 깨끗한   **hour** (한) 시간   **sour** 신, 시큼한

116

Practice

정답 163쪽

A 소리 찾기　다음 단어에 알맞은 발음기호를 완성해 보세요.

1 pure [pj☐]　　　2 hour [a☐]

3 cure [kj☐]　　　4 sour [sa☐]

5 sure [ʃ☐]　　　6 poor [p☐]

B 발음기호 읽기　<보기>처럼 발음기호를 조합해 한글로 발음을 써 보세요.

	발음기호	발음조합	한글발음
보기	[tuər]	t ‧ uər / ㅌ ‧ ㅜ얼	투얼
	[luər]	l ‧ uər / ㄹ ‧ ㅜ얼	1
	[əʃúər]	ə ‧ ʃ ‧ uər / 어 ‧ 쉬 ‧ ㅜ얼	2
	[flauər]	f ‧ l ‧ auər / ㅍ ‧ (을)ㄹ ‧ ㅏ우얼	3
	[mətʃúər]	m ‧ ə ‧ tʃ ‧ uər / ㅁ ‧ ㅓ ‧ 취 ‧ ㅜ얼	4

tour 관광, 투어　lure 미끼　assure 장담하다, 보장하다　flour 밀가루　mature 성숙한, 다 자란

117

다음 발음기호를 보고 발음을 한글로 써 보세요.   정답 163쪽

[kɛ́ərfəli]	k	ɛər	f	ə	l	i
①	ㅋ	ㅔ얼	ㅍ	ㅓ	(으)ㄹ	ㅣ

[sikjúər]	s	i	k	j	uər
②	ㅆ	ㅣ	ㅋ	이	ㅜ얼

[ǽtməsfìər]	æ	t	m	ə	s	f	iər
③	애	ㅌ	ㅁ	ㅓ	ㅅ	ㅍ	ㅣ얼

[vàləntíər]	v	ɑ	l	ə	n	t	iər
④	ㅂ	ㅏ	(으)ㄹ	ㅓ	ㄴ	ㅌ	ㅣ얼

[mǽnekjùər]	m	æ	n	ə	k	j	uər
⑤	ㅁ	ㅐ	ㄴ	ㅓ	ㅋ	이	ㅜ얼

[náitmɛər]	n	ai	t	m	ɛər
⑥	ㄴ	ㅏ이	ㅌ	ㅁ	ㅔ얼

① **carefully** 주의 깊게   ② **secure** 안전한, 확실한   ③ **atmosphere** 대기, 분위기
④ **volunteer** 자원봉사자   ⑤ **manicure** 손톱 손질   ⑥ **nightmare** 악몽

 문장 읽기

발음기호를 참고해서 다음 문장을 읽어 보세요.　　정답 163쪽

20 [ɛər]

The bear stares at a pear.

[ðə]　[bɛər]　[stɛərz]　[æt] [ə]　[pɛər]

그 곰은 배 하나를 빤히 쳐다봐요.

21 [iər]

The deer drops a tear with fear.

[ðə]　[diər]　[draps]　[ə]　[tiər]　[wíð]　[fiər]

그 사슴은 두려움으로 눈물을 흘려요.

22 [uər]

I'm sure I can cure the poor boy.

[aim]　[ʃuər]　[ai] [kæn]　[kjuər]　[ðə]　[puər]　[bɔi]

난 그 가난한 소년을 치료할 수 있다고 확신해요.

---

drop [드랍] 떨어뜨리다　　**with** [위드] ~으로 (인해)　　**can** [캔] ~할 수 있다　　**boy** [보이] 소년

BONUS! 어려운 끝소리 발음기호 읽는 법

62 발음 듣기

발음기호 끝에 두 자음 소리가 같이 올 때는 두 소리를 연이어서 발음해요.
그중에서도 발음하기 까다로운 끝소리 발음을 정리해 봅시다.

자음 뒤에 [l]가 올 때

자음 소리 끝에 ㄹ을 받침처럼 넣어 '을'로 발음해요.

[-bl] 블	[-kl] 클	[-tl] 틀
[teibl] 테이블 table 탁자, 식탁	[ʌ́ŋkl] 엉클 uncle 삼촌	[litl] 리틀 little 작은
[-sl] 슬	**[-gl] 글**	**[-pl] 플**
[kǽsl] 캐슬 castle 성	[íːgl] 이ː글 eagle 독수리	[méipl] 메이플 maple 단풍나무

[n], [m], [l] 뒤에 자음이 올 때

[n]는 ㄴ, [m]는 ㅁ, [l]는 ㄹ을 받침처럼 넣고, 그 뒤의 자음 소리는 가볍게 덧붙여요.

[-ld] ㄹㄷ	[-lk] ㄹㅋ	[-lf] ㄹ프	[-lt] ㄹ트
[gould] 고울드 gold 황금	[milk] 밀크 milk 우유	[self] 쎌프 self 자기 자신	[sɔːlt] 쏘ː올트 salt 소금
[-lp] ㄹ프	**[-nd] ㄴㄷ**	**[-nt] ㄴ트**	**[-mp] ㅁ프**
[help] 헬프 help 돕다	[faind] 파인드 find 찾다	[kaunt] 카운트 count (수를) 세다	[læmp] 램프 lamp 등, 램프

[r] 뒤에 [l], [m], [n]가 올 때

모음과 [r]가 연결된 발음을 먼저 한 다음, 뒤에 나오는
자음 소리 [l](을), [n](은), [m](음) 소리를 부드럽게 이어 발음해요.

[-rl] ㄹ을	[-rn] ㄹ은	[-rm] ㄹ음
[gə:rl] 거:얼을	[jɑ:rn] 야:알은	[wɔ:rm] 워:얼음
girl 소녀	yarn 실	warm 따뜻한

자음 뒤에 [t]가 올 때

두 자음 소리를 이어서 소리 내는데, [t]의 [트] 소리는 뒤에 약하게 덧붙여요.

[-kt] ㅋ트	[-ft] ㅍ트	[-pt] ㅍ트
[fækt] 팩트	[gift] 깊트	[slept] 슬렢트
fact 사실	gift 선물	slept 잤다 (sleep의 과거형)

[s] 뒤에 자음이 올 때

[s]의 '스' 소리에 이어 뒤에 오는 자음 소리를 가볍게 소리 내요.

[-st] 스트	[-sk] 스크	[-sp] 스프
[i:st] 이스트	[mæsk] 매스크	[krisp] 크리스프
east 동쪽	mask 가면	crisp 바삭바삭한

PART 4

영단어 발음기호 연습하기

63 발음 듣기

다음 발음기호를 보고 한글로 발음을 써 보세요.

정답 164쪽

❶ [bənǽnə]

[   ]

❷ [gréipfrùt]

[   ]

❸ [tændʒərí:n]

[   ]

❹ [mǽŋgou]

[   ]

❺ [stró:bèri]

[   ]

❻ [pə:rsímən]

[   ]

❼ [wɔ́tərmèlən]

[   ]

❽ [ǽprəkàt]

[   ]

❶ banana 바나나 ❷ grapefruit 자몽 ❸ tangerine 귤 ❹ mango 망고
❺ strawberry 딸기 ❻ persimmon 감 ❼ watermelon 수박 ❽ apricot 살구

64 발음 듣기

다음 발음기호를 보고 한글로 발음을 써 보세요.

정답 164쪽

①

[létis]

[   ]

②

[égplæ̀nt]

[   ]

③

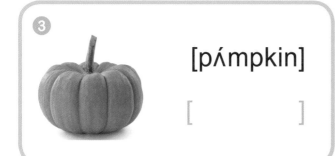

[pʌ́mpkin]

[   ]

④

[mʌ́ʃruːm]

[   ]

⑤

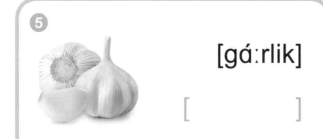

[gáːrlik]

[   ]

⑥

[spínitʃ]

[   ]

⑦

[kjúːkʌ̀mbər]

[   ]

⑧

[brákəli]

[   ]

① lettuce 상추, 양상추   **②** eggplant 가지   **③** pumpkin 호박   **④** mushroom 버섯
⑤ garlic 마늘   **⑥** spinach 시금치   **⑦** cucumber 오이   **⑧** broccoli 브로콜리

65 발음 듣기

다음 발음기호를 보고 한글로 발음을 써 보세요.

정답 164쪽

①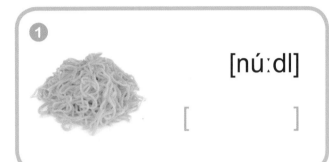

[núːdl]

[   ]

②

[spəgéti]

[   ]

③

[védʒtəbl]

[   ]

④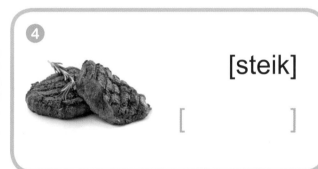

[steik]

[   ]

⑤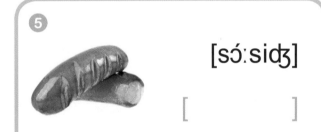

[sɔ́ːsidʒ]

[   ]

⑥

[síriəl]

[   ]

⑦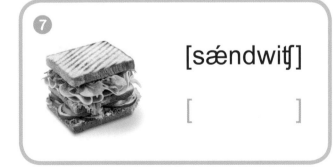

[sǽndwitʃ]

[   ]

⑧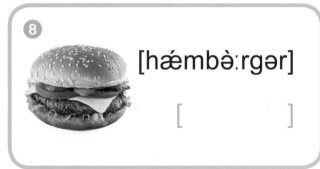

[hǽmbə̀ːrgər]

[   ]

① **noodle** 국수　② **spaghetti** 스파게티　③ **vegetable** 채소, 야채　④ **steak** 스테이크
⑤ **sausage** 소시지　⑥ **cereal** 시리얼　⑦ **sandwich** 샌드위치　⑧ **hamburger** 햄버거

66 발음 듣기

다음 발음기호를 보고 한글로 발음을 써 보세요.

정답 164쪽

①

[iréisər]

[   ]

②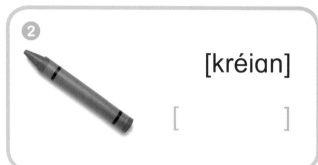

[kréian]

[   ]

③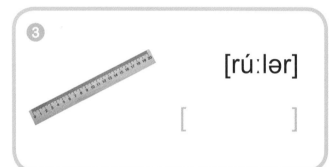

[rúːlər]

[   ]

④

[sízərz]

[   ]

⑤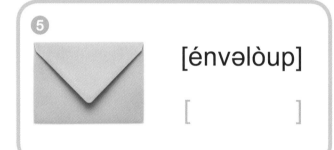

[énvəlòup]

[   ]

⑥

[háilàitər]

[   ]

⑦

[kælkjulèitər]

[   ]

⑧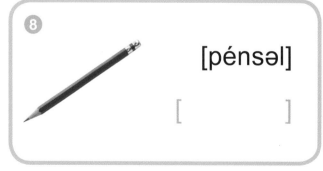

[pénsəl]

[   ]

① **eraser** 지우개 **②** **crayon** 크레용 **③** **ruler** 자 **④** **scissors** 가위
⑤ **envelope** 봉투 **⑥** **highlighter** 형광펜 **⑦** **calculator** 계산기 **⑧** **pencil** 연필

67 발음 듣기

다음 발음기호를 보고 한글로 발음을 써 보세요.

정답 164쪽

①

[wɔ́ːrdroub]

[   ]

②

[drɔːr]

[   ]

③

[kǽbinət]

[   ]

④

[kautʃ]

[   ]

⑤

[kʌ́bərd]

[   ]

⑥

[kréidl]

[   ]

⑦

[wáʃiŋ məʃìːn]

[   ]

⑧

[rifrídʒərèitər]

[   ]

① **wardrobe** 옷장　② **drawer** 서랍　③ **cabinet** 수납장, 장식장　④ **couch** (다인용) 소파
⑤ **cupboard** 벽장, 찬장　⑥ **cradle** 아기 침대　⑦ **washing machine** 세탁기　⑧ **refrigerator** 냉장고

06 집안의 물건

다음 발음기호를 보고 한글로 발음을 써 보세요.

정답 164쪽

❶ 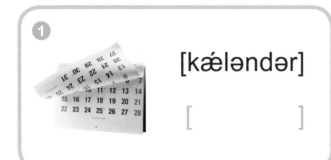 [kǽləndər]

[   ]

❷  [lóuʃən]

[   ]

❸  [ʌmbrélə]

[   ]

❹  [hǽmər]

[   ]

❺  [blǽŋkit]

[   ]

❻  [pílou]

[   ]

❼  [bǽndiʤ]

[   ]

❽ 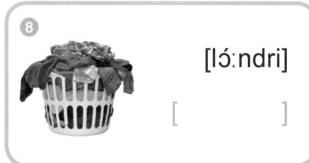 [lɔ́ːndri]

[   ]

❶ calendar 달력 ❷ lotion 로션 ❸ umbrella 우산 ❹ hammer 망치
❺ blanket 담요 ❻ pillow 베개 ❼ bandage 붕대 ❽ laundry 세탁물, 빨랫감

69 발음 듣기

다음 발음기호를 보고 한글로 발음을 써 보세요.

정답 164쪽

1

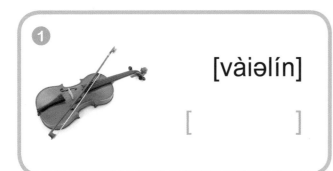

[vàiəlín]

[   ]

2

[trʌ́mpit]

[   ]

3

[gitáːr]

[   ]

4

[haːrmánikə]

[   ]

5

[tæ̀mbəríːn]

[   ]

6

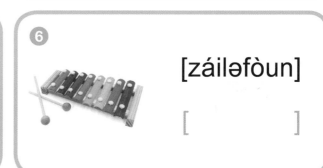

[záiləfòun]

[   ]

7

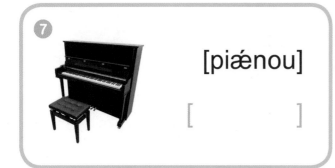

[piǽnou]

[   ]

8

[rikɔ́ːrdər]

[   ]

① **violin** 바이올린 ② **trumpet** 트럼펫 ③ **guitar** 기타 ④ **harmonica** 하모니카
⑤ **tambourine** 탬버린 ⑥ **xylophone** 실로폰, 목금 ⑦ **piano** 피아노 ⑧ **recorder** 리코더

70 발음 듣기

다음 발음기호를 보고 한글로 발음을 써 보세요.

정답 165쪽

①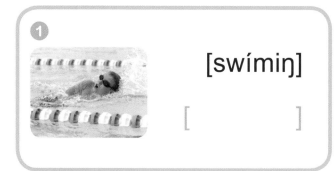

[swímiŋ]

[   ]

②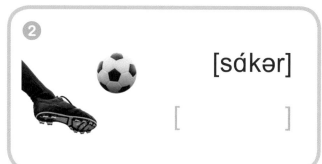

[sákər]

[   ]

③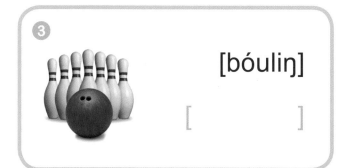

[bóuliŋ]

[   ]

④

[válibɔ̀ːl]

[   ]

⑤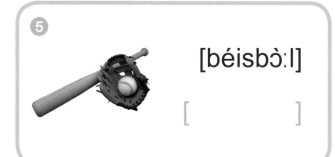

[béisbɔ̀ːl]

[   ]

⑥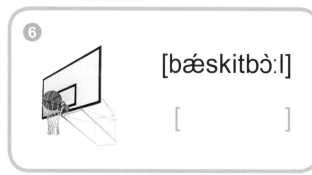

[bǽskitbɔ̀ːl]

[   ]

⑦

[mǽrəθàn]

[   ]

⑧

[áːrtʃəri]

[   ]

① **swimming** 수영　② **soccer** 축구　③ **bowling** 볼링　④ **volleyball** 배구
⑤ **baseball** 야구　⑥ **basketball** 농구　⑦ **marathon** 마라톤　⑧ **archery** 양궁, 활쏘기

71 발음 듣기

다음 발음기호를 보고 한글로 발음을 써 보세요.

정답 165쪽

① 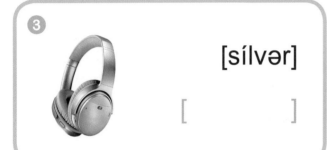 [pə́ːrpl]
[　　　　]

② [jélou]
[　　　　]

③  [sílvər]
[　　　　]

④ [blæk]
[　　　　]

⑤  [ɔ́ːrinʤ]
[　　　　]

⑥ [kǽki]
[　　　　]

⑦ 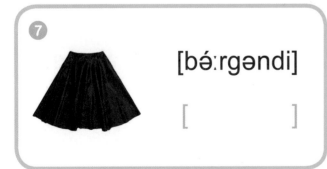 [bə́ːrgəndi]
[　　　　]

⑧  [émərəld]
[　　　　]

① **purple** 보라색(의)　② **yellow** 노란색(의)　③ **silver** 은색(의)　④ **black** 검정색(의)
⑤ **orange** 주황색(의)　⑥ **khaki** 카키색(의), 황갈색(의)　⑦ **burgundy** 짙은 빨간색(의)　⑧ **emerald** 에메랄드빛, 선녹색(의)

다음 발음기호를 보고 한글로 발음을 써 보세요.

정답 165쪽

① 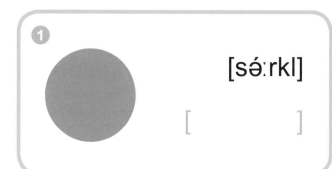 [séːrkl]
[   ]

②  [tráiæŋgl]
[   ]

③ 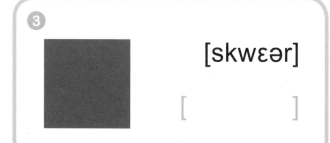 [skwɛər]
[   ]

④ [réktæŋgl]
[   ]

⑤ [dáiəmənd]
[   ]

⑥ 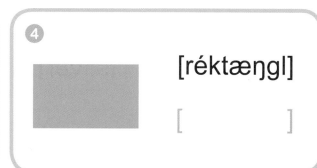 [péntəgàn]
[   ]

⑦  [héksəgən]
[   ]

⑧  [krɔːs]
[   ]

① **circle** 원, 동그라미 ② **triangle** 삼각형 ③ **square** 정사각형 ④ **rectangle** 직사각형
⑤ **diamond** 마름모 ⑥ **pentagon** 오각형 ⑦ **hexagon** 육각형 ⑧ **cross** 십자(+), x표

73 발음 듣기

다음 발음기호를 보고 한글로 발음을 써 보세요.

정답 165쪽

①  [húdi]

[   ]

② [swímsùːt]

[   ]

③ 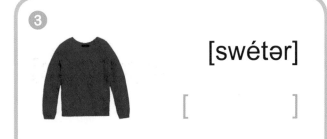 [swétər]

[   ]

④ [ʤiːnz]

[   ]

⑤ 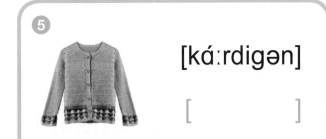 [káːrdigən]

[   ]

⑥ [bǽθròub]

[   ]

⑦  [júːnəfòːrm]

[   ]

⑧ [pəʤáːməz]

[   ]

❶ **hoodie** 후드 티 (모자 달린 티) ❷ **swimsuit** 수영복 ❸ **sweater** 스웨터 ❹ **jeans** 청바지
❺ **cardigan** 카디건 ❻ **bathrobe** 목욕 가운 ❼ **uniform** 제복, 유니폼 ❽ **pajamas** 잠옷, 파자마

12 액세서리

다음 발음기호를 보고 한글로 발음을 써 보세요.

정답 165쪽

1

[néklis]

[　　　　　]

2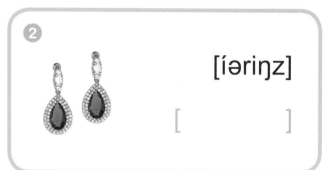

[íəriŋz]

[　　　　　]

3

[bréislit]

[　　　　　]

4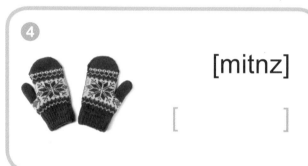

[mitnz]

[　　　　　]

5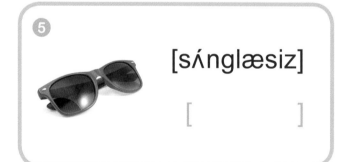

[sʌ́nglæsiz]

[　　　　　]

6

[wálit]

[　　　　　]

7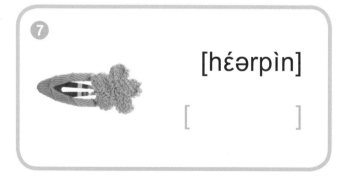

[hέərpìn]

[　　　　　]

8

[æksésəri]

[　　　　　]

① **necklace** 목걸이 **②** **earrings** 귀걸이 (한 쌍) **③** **bracelet** 팔찌 **④** **mittens** 벙어리장갑 (한 쌍)
⑤ **sunglasses** 선글라스 **⑥** **wallet** 지갑 **⑦** **hairpin** 머리핀 **⑧** **accessory** 액세서리, 장신구

75 발음 듣기

다음 발음기호를 보고 한글로 발음을 써 보세요.

정답 165쪽

①  [láibrèri]

[   ]

②  [mjuːzíːəm]

[   ]

③  [háspitl]

[   ]

④  [réstərənt]

[   ]

⑤  [béikəri]

[   ]

⑥  [pəlíːs stèiʃən]

[   ]

⑦  [póust ɔ̀ːfis]

[   ]

⑧  [stéidiəm]

[   ]

❶ **library** 도서관 ❷ **museum** 박물관 ❸ **hospital** 병원 ❹ **restaurant** 식당
❺ **bakery** 빵집 ❻ **police station** 경찰서 ❼ **post office** 우체국 ❽ **stadium** 경기장

76 발음 듣기

다음 발음기호를 보고 한글로 발음을 써 보세요.

정답 165쪽

1
[klǽsrùːm]
[　　　　]

2
[ɔ̀ːditɔ́ːriəm]
[　　　　]

3
[kæfətíəriə]
[　　　　]

4
[réstrùːm]
[　　　　]

5
[pléigràund]
[　　　　]

6
[rʌ́niŋ træk]
[　　　　]

7
[wáitbɔ̀ːrd]
[　　　　]

8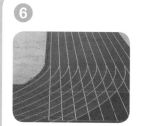
[lɑ́kər]
[　　　　]

❶ classroom 교실 ❷ auditorium 강당 ❸ cafeteria 구내식당 ❹ restroom 화장실
❺ playground 운동장, 놀이터 ❻ running track 경주로 ❼ whiteboard 흰색 칠판 ❽ locker 사물함

다음 발음기호를 보고 한글로 발음을 써 보세요.

정답 165쪽

❶
[sʌ́bwèi]

[   ]

❷
[báisikl]

[   ]

❸
[ɛ́ərplèin]

[   ]

❹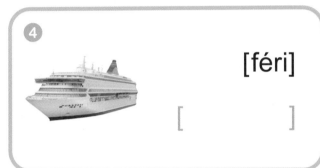
[féri]

[   ]

❺
[tǽksi]

[   ]

❻
[hélikàptər]

[   ]

❼
[sʌ́bmərìːn]

[   ]

❽
[ǽmbjuləns]

[   ]

❶ **subway** 지하철 ❷ **bicycle** 자전거 ❸ **airplane** 비행기 ❹ **ferry** 여객선, 페리
❺ **taxi** 택시 ❻ **helicopter** 헬리콥터 ❼ **submarine** 잠수함 ❽ **ambulance** 구급차

다음 발음기호를 보고 한글로 발음을 써 보세요.

정답 166쪽

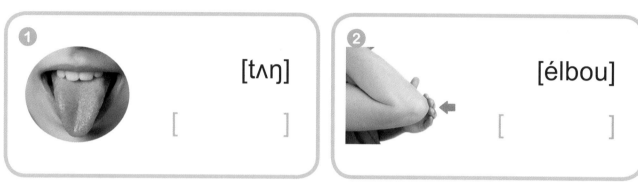

① [tʌŋ]

[   ]

② [élbou]

[   ]

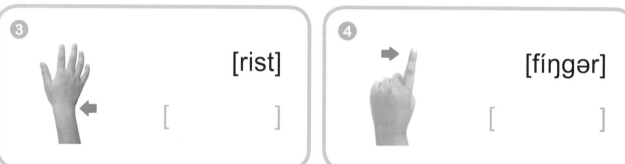

③ [rist]

[   ]

④ [fíŋgər]

[   ]

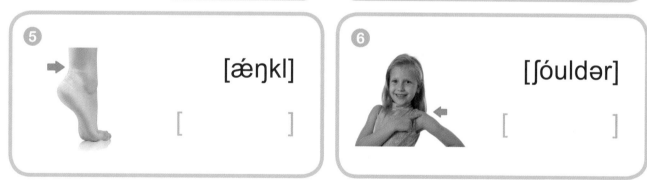

⑤ [ǽŋkl]

[   ]

⑥ [ʃóuldər]

[   ]

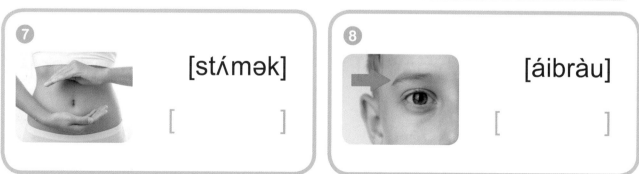

⑦ [stʌ́mək]

[   ]

⑧ [áibràu]

[   ]

① tongue 혀 ② elbow 팔꿈치 ③ wrist 손목 ④ finger 손가락
⑤ ankle 발목 ⑥ shoulder 어깨 ⑦ stomach 배, 위장 ⑧ eyebrow 눈썹

79 발음 듣기

다음 발음기호를 보고 한글로 발음을 써 보세요.

정답 166쪽

①
[klif]
[   ]

②
[médou]
[   ]

③
[dézərt]
[   ]

④
[wɔ́ːtərfɔ̀ːl]
[   ]

⑤
[ʤʌ́ŋgl]
[   ]

⑥
[ouéisis]
[   ]

⑦
[fɔ́ːrist]
[   ]

⑧
[máuntən]
[   ]

① **cliff** 절벽   ② **meadow** 초원, 목초지   ③ **desert** 사막   ④ **waterfall** 폭포
⑤ **jungle** 정글, 밀림   ⑥ **oasis** 오아시스   ⑦ **forest** 숲   ⑧ **mountain** 산

80 발음 듣기

다음 발음기호를 보고 한글로 발음을 써 보세요.

정답 166쪽

❶
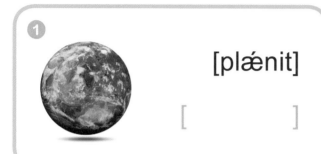
[plǽnit]
[   ]

❷

[áilənd]
[   ]

❸
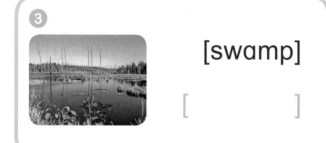
[swamp]
[   ]

❹
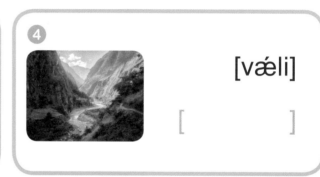
[vǽli]
[   ]

❺
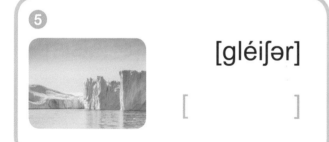
[gléiʃər]
[   ]

❻

[óuʃən]
[   ]

❼
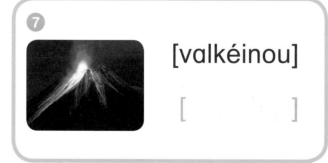
[valkéinou]
[   ]

❽
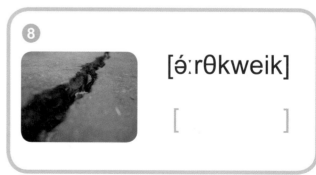
[ə́ːrθkweik]
[   ]

❶ **planet** 행성 ❷ **island** 섬 ❸ **swamp** 늪, 습지 ❹ **valley** 계곡, 골짜기
❺ **glacier** 빙하 ❻ **ocean** 바다, 대양 ❼ **volcano** 화산 ❽ **earthquake** 지진

81 발음 듣기

다음 발음기호를 보고 한글로 발음을 써 보세요.

정답 166쪽

❶

[ɔ́ːrkid]

[   ]

❷
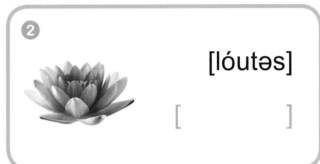
[lóutəs]

[   ]

❸

[bæmbúː]

[   ]

❹
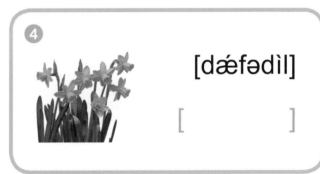
[dǽfədìl]

[   ]

❺

[lǽvəndər]

[   ]

❻

[dǽndəlàiən]

[   ]

❼

[kǽktəs]

[   ]

❽

[ʧéri blásəmz]

[   ]

❶ **orchid** 난초 ❷ **lotus** 연꽃 ❸ **bamboo** 대나무 ❹ **daffodil** 수선화
❺ **lavender** 라벤더 ❻ **dandelion** 민들레 ❼ **cactus** 선인장 ❽ **cherry blossoms** 벚꽃

20 동물

다음 발음기호를 보고 한글로 발음을 써 보세요.

정답 166쪽

①  [éləfənt]
[   ]

②  [ʤəræf]
[   ]

③  [krákədàil]
[   ]

④ 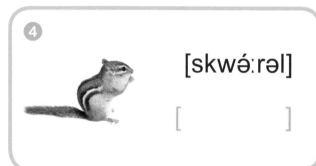 [skwéːrəl]
[   ]

⑤  [rækúːn]
[   ]

⑥  [lépərd]
[   ]

⑦ 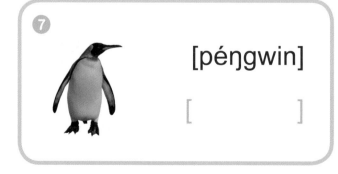 [péŋgwin]
[   ]

⑧  [héʤhag]
[   ]

① **elephant** 코끼리 ② **giraffe** 기린 ③ **crocodile** 악어 ④ **squirrel** 다람쥐
⑤ **raccoon** 미국너구리 ⑥ **leopard** 표범 ⑦ **penguin** 펭귄 ⑧ **hedgehog** 고슴도치

83 발음 듣기

다음 발음기호를 보고 한글로 발음을 써 보세요.

정답 166쪽

①

[kríkit]

[   ]

②

[kǽtərpìlər]

[   ]

③
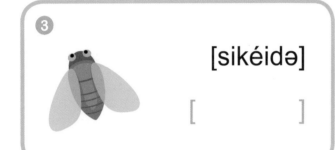
[sikéidə]

[   ]

④

[bíːtl]

[   ]

⑤

[bʌ́tərflài]

[   ]

⑥

[məskíːtou]

[   ]

⑦

[grǽshàpər]

[   ]

⑧

[drǽgənflài]

[   ]

① cricket 귀뚜라미 **②** caterpillar 애벌레 **③** cicada 매미 **④** beetle 딱정벌레
⑤ butterfly 나비 **⑥** mosquito 모기 **⑦** grasshopper 메뚜기 **⑧** dragonfly 잠자리

22 날씨와 기상

84 발음 듣기

다음 발음기호를 보고 한글로 발음을 써 보세요.

정답 166쪽

❶

[réinbòu]

[   ]

❷

[ʃáuər]

[   ]

❸

[draut]

[   ]

❹

[flʌd]

[   ]

❺

[láitniŋ]

[   ]

❻

[tɔːrnéidou]

[   ]

❼

[stɔːrm]

[   ]

❽

[blízərd]

[   ]

❶ **rainbow** 무지개   ❷ **shower** 소나기   ❸ **drought** 가뭄   ❹ **flood** 홍수
❺ **lightning** 번개   ❻ **tornado** 토네이도, 회오리바람   ❼ **storm** 폭풍   ❽ **blizzard** 눈보라

다음 발음기호를 보고 한글로 발음을 써 보세요.

정답 166쪽

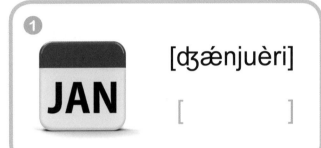

① [ʤǽnjuèri]

[   ]

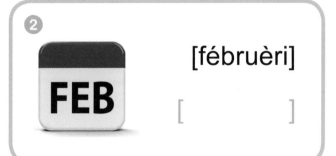

② [fébruèri]

[   ]

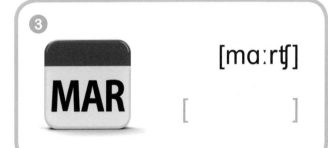

③ [mɑːrʧ]

[   ]

④ [éiprəl]

[   ]

⑤ [mei]

[   ]

⑥ [ʤuːn]

[   ]

⑦ [ʤuːlái]

[   ]

⑧ [ɔ́ːgəst]

[   ]

① **January** 1월 ② **February** 2월 ③ **March** 3월 ④ **April** 4월
⑤ **May** 5월 ⑥ **June** 6월 ⑦ **July** 7월 ⑧ **August** 8월

86 발음 듣기

다음 발음기호를 보고 한글로 발음을 써 보세요.

정답 167쪽

① 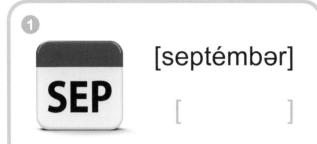 [septémbər]

[　　　　　　]

②  [aktóubər]

[　　　　　　]

③ 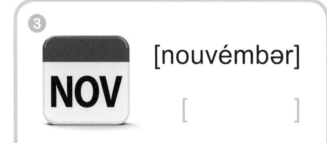 [nouvémbər]

[　　　　　　]

④  [disémbər]

[　　　　　　]

⑤  [spriŋ]

[　　　　　　]

⑥  [sʌ́mər]

[　　　　　　]

⑦  [fɔːl]

[　　　　　　]

⑧ 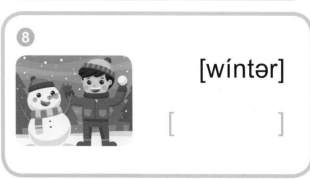 [wíntər]

[　　　　　　]

❶ September 9월 **❷ October** 10월 **❸ November** 11월 **❹ December** 12월
❺ spring 봄 **❻ summer** 여름 **❼ fall** 가을 **❽ winter** 겨울

87 발음 듣기

다음 발음기호를 보고 한글로 발음을 써 보세요.

정답 167쪽

1  [stjuːdənt] [   ]

2  [ǽθliːt] [   ]

3  [áːrkitèkt] [   ]

4  [ǽstrənɔ̀ːt] [   ]

5  [ʤʌʤ] [   ]

6  [ditéktiv] [   ]

7  [sóulʤər] [   ]

8  [ènʤiníər] [   ]

❶ **student** 학생 ❷ **athlete** 운동선수 ❸ **architect** 건축가 ❹ **astronaut** 우주비행사
❺ **judge** 판사 ❻ **detective** 탐정, 형사 ❼ **soldier** 군인 ❽ **engineer** 기술자, 공학자

26 추상 명사

다음 발음기호를 보고 한글로 발음을 써 보세요.

정답 167쪽

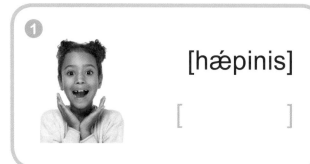

① [hǽpinis]

[   ]

② [trʌst]

[   ]

③ [péiʃəns]

[   ]

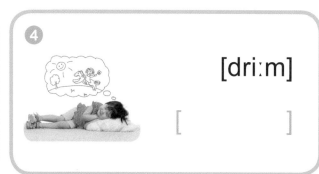

④ [driːm]

[   ]

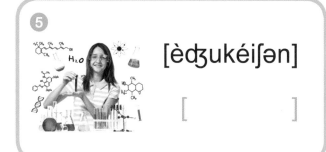

⑤ [èdʒukéiʃən]

[   ]

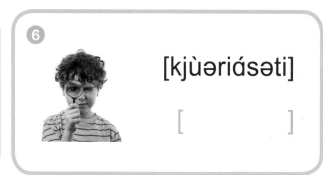

⑥ [kjùəriásəti]

[   ]

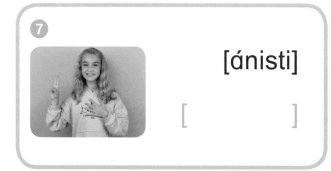

⑦ [ánisti]

[   ]

⑧ [əbdʒéktiv]

[   ]

① **happiness** 행복 ② **trust** 믿음, 신뢰 ③ **patience** 인내, 끈기 ④ **dream** 꿈
⑤ **education** 교육 ⑥ **curiosity** 호기심 ⑦ **honesty** 정직, 솔직 ⑧ **objective** 목표, 목적

89 발음 듣기

다음 발음기호를 보고 한글로 발음을 써 보세요.

정답 167쪽

① 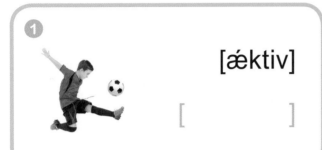 [金ktiv]

[   ]

② 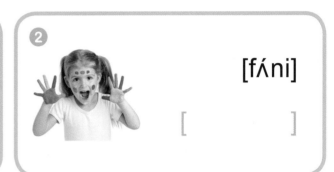 [fʌ́ni]

[   ]

③ 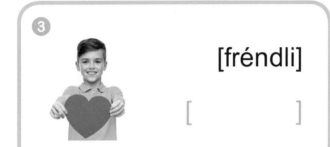 [fréndli]

[   ]

④ 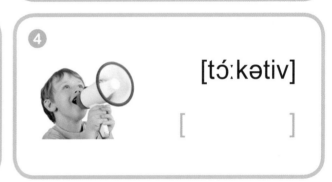 [tɔ́ːkətiv]

[   ]

⑤  [sélfiʃ]

[   ]

⑥ 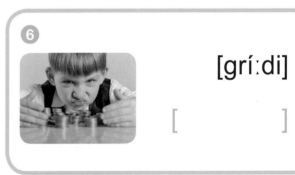 [gríːdi]

[   ]

⑦ 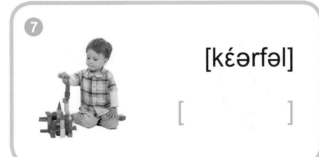 [kέərfəl]

[   ]

⑧ 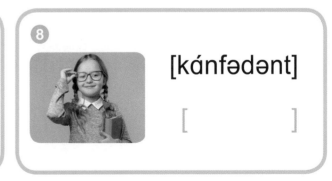 [kánfədənt]

[   ]

❶ **active** 활동적인 ❷ **funny** 웃긴 ❸ **friendly** 친절한, 다정한 ❹ **talkative** 말이 많은, 수다스러운
❺ **selfish** 이기적인 ❻ **greedy** 욕심 많은 ❼ **careful** 조심스러운, 주의 깊은 ❽ **confident** 자신감 있는

90 발음 듣기

다음 발음기호를 보고 한글로 발음을 써 보세요.

정답 167쪽

1

[hʌ́ŋgri]
[   ]

2
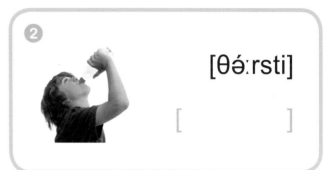
[θə́ːrsti]
[   ]

3
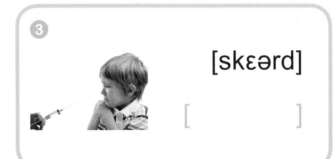
[skɛərd]
[   ]

4
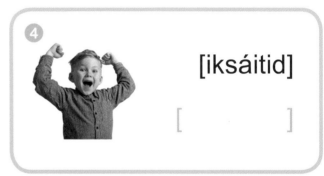
[iksáitid]
[   ]

5
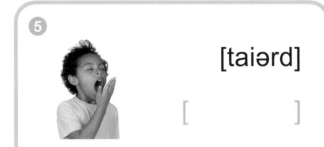
[taiərd]
[   ]

6
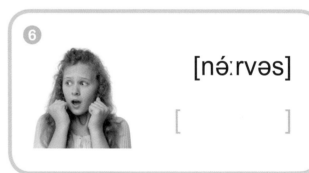
[nə́ːrvəs]
[   ]

7
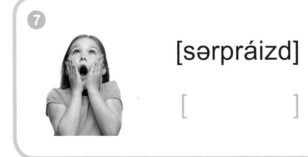
[sərpráizd]
[   ]

8

[hélθi]
[   ]

❶ **hungry** 배고픈 ❷ **thirsty** 목이 마른 ❸ **scared** 무서운 ❹ **excited** 흥분한, 신이 난
❺ **tired** 피곤한 ❻ **nervous** 긴장한, 불안한 ❼ **surprised** 놀란 ❽ **healthy** 건강한

91 발음 듣기

다음 발음기호를 보고 한글로 발음을 써 보세요.

정답 167쪽

①

[ləːrn]

[　　　　　]

②

[ǽnsər]

[　　　　　]

③

[rimémbər]

[　　　　　]

④

[fərgét]

[　　　　　]

⑤

[bilíːv]

[　　　　　]

⑥

[əpálədʒàiz]

[　　　　　]

⑦

[prǽktis]

[　　　　　]

⑧

[iksplɔ́ːr]

[　　　　　]

① **learn** 배우다, 익히다 ② **answer** 대답하다 ③ **remember** 기억하다 ④ **forget** 잊다
⑤ **believe** 믿다 ⑥ **apologize** 사과하다 ⑦ **practice** 연습하다, 훈련하다 ⑧ **explore** 탐험하다

다음 발음기호를 보고 한글로 발음을 써 보세요.

정답 167쪽

❶  [ʧuːz]

[   ]

❷  [læf]

[   ]

❸  [breik]

[   ]

❹  [θrou]

[   ]

❺ 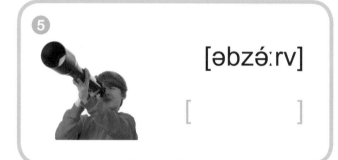 [əbzə́ːrv]

[   ]

❻ 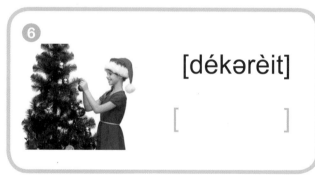 [dékərèit]

[   ]

❼ 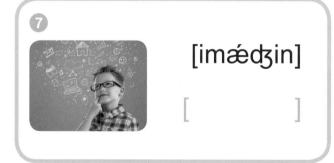 [imǽʤin]

[   ]

❽ 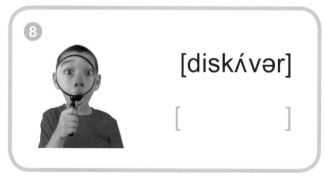 [diskʌ́vər]

[   ]

❶ **choose** 선택하다　❷ **laugh** 웃다　❸ **break** 깨다, 부수다　❹ **throw** 던지다
❺ **observe** 관찰하다　❻ **decorate** 장식하다　❼ **imagine** 상상하다　❽ **discover** 발견하다

ANSWER KEY
정답

PART 2
자음 발음기호 익히기

---

01 [p] vs. [b]
▶29쪽

Ⓐ
❶ buy [[b] ai]　　❷ cub [kʌ [b]]
❸ pie [[p] ai]　　❹ pig [[p] ig]
❺ big [[b] ig]　　❻ cup [kʌ [p]]

Ⓑ
❶ [pæn] 팬　　❷ [rib] 립
❸ [roup] 로읖　　❹ [béibi] 베이비

발음 TIP ❸ 모음 뒤에 오는 [p]는 ㅍ을 받침소리처럼 넣어 약하게 발음하세요. ❹ 자음 소리와 바로 뒤에 있는 모음을 각각 결합해 '베이-비'로 읽어요.

---

02 [t] vs. [d]
▶31쪽

Ⓐ
❶ time [[t] aim]　　❷ need [niː [d]]
❸ die [[d] ai]　　❹ tie [[t] ai]
❺ dime [[d] aim]　　❻ neat [niː [t]]

Ⓑ
❶ [dɑl] 달　　❷ [teil] 테일
❸ [hait] 하잍　　❹ [sæd] 쌛

발음 TIP ❶ 모음 뒤에 오는 [l]는 ㄹ을 받침소리로 넣어 발음해요. ❹ [s]는 뒤에 모음이 오면 된소리 '쓰'로 소리 나요. '샏'가 아니라 '쌛'으로 발음하세요.

---

03 [k] vs. [g]
▶33쪽

Ⓐ
❶ gap [[g] æp]　　❷ back [bæ [k]]
❸ goat [[g] out]　　❹ bag [bæ [g]]
❺ coat [[k] out]　　❻ cap [[k] æp]

Ⓑ
❶ [gʌm] 검　　❷ [kait] 카읻
❸ [eg] 엑　　❹ [beik] 베잌

발음 TIP ❶ [g]는 '그' 소리를 내므로, '껌'이라고 발음하지 않도록 주의하세요. ❸ 모음 소리 [e]가 단어 맨 앞에 올 때는 '에'로 발음해요.

---

04 [f] vs. [v]
▶35쪽

Ⓐ
❶ fine [[f] ain]　　❷ safe [sei [f]]
❸ van [[v] æn]　　❹ fan [[f] æn]
❺ vine [[v] ain]　　❻ save [sei [v]]

Ⓑ
❶ [naif] 나잎　　❷ [vau] 바우
❸ [fin] 핀　　❹ [keiv] 케입

발음 TIP ❶❹ 단어 끝의 [f]와 [v] 소리는 약하게 덧붙이세요. '나이프', '케이브'라고 강하게 발음하면 안 됩니다. ❸ [n]가 모음 뒤에 올 때는 ㄴ을 받침소리로 넣어 발음해요.

---

05 [s] vs. [z]
▶37쪽

Ⓐ
❶ zeal [[z] iːl]　　❷ Sue [[s] uː]
❸ zoo [[z] uː]　　❹ rice [rai [s]]
❺ rise [rai [z]]　　❻ seal [[s] iːl]

Ⓑ
❶ [zip] 짚　　❷ [sain] 싸인
❸ [feis] 페이스　　❹ [bízi] 비지

발음 TIP ❸ 끝에 오는 [s] 소리는 ㅅ을 받침소리로 넣는 게 아니라, 약하게 '스' 소리를 덧붙이면 됩니다. [z]도 마찬가지로 '즈' 소리를 끝에 덧붙이세요.

도전! 긴 단어 읽기
▶38쪽

❶ [ædvǽns] 앨밴스　　❷ [brékfəst] 브렉퍼스트
❸ [diváid] 디바읻　　❹ [spisífik] 스피씨픽
❺ [émfəsàiz] 엠퍼싸이즈　　❻ [grǽndsʌn] 그랜드썬

발음 TIP ❷ [br]는 두 소리를 연결해 '브ㄹ'로 발음해요. 끝의 [-st]는 약하게 '스트' 소리를 덧붙이세요. ❺ 끝에 오는 [z]는 가볍게 '즈' 소리를 내요. ❻ [-nd]는 앞 모음 소리에 [n]의 ㄴ을 받침으로 넣고, [d]는 '드'를 약하게 소리 내면 됩니다.

도전! 문장 읽기 ▸39쪽

① 아이 바이 어 빅 파이
② 아이 니:드 어 니:트 타이
③ 마이 캪 앤드 코울 아:알 인 더 백
④ 더 밴 이즈 파인 앤드 쎄잎
⑤ 쑤: 쏘: 어 씨:일 앹 더 주:

06 [m] vs. [n] ▸41쪽

Ⓐ

❶ map [⟦m⟧æp] ❷ nine [⟦n⟧ain]
❸ cone [kou⟦n⟧] ❹ nap [⟦n⟧æp]
❺ mine [⟦m⟧ain] ❻ comb [kou⟦m⟧]

Ⓑ

❶ [nait] 나잍 ❷ [foun] 포운
❸ [ti:m] 티:임 ❹ [meil] 메일

발음 TIP ❸ [i:]는 긴 '이:' 소리이므로, 짧게 '팀'이 아니라 길게 '티:임' 하고 발음하세요. ❹ 끝에 오는 [l]는 ㄹ 받침소리로 발음합니다.

07 [l] vs. [r] ▸43쪽

Ⓐ

❶ race [⟦r⟧eis] ❷ read [⟦r⟧i:d]
❸ lace [⟦l⟧eis] ❹ write [⟦r⟧ait]
❺ lead [⟦l⟧i:d] ❻ light [⟦l⟧ait]

Ⓑ

❶ [lɑk] (을)락 ❷ [rein] 레인
❸ [rouz] 로우즈 ❹ [léidi] (을)레이디

발음 TIP ❶ 끝의 [k]는 ㅋ 소리를 약하게 발음하세요. ❸ 끝에 오는 [z]는 뒤에 '즈' 소리를 약하게 덧붙이세요.

08 [θ] vs. [ð] ▸45쪽

Ⓐ

❶ smooth [smu:⟦ð⟧] ❷ thin [⟦θ⟧in]
❸ this [⟦ð⟧is] ❹ they [⟦ð⟧ei]
❺ path [pæ⟦θ⟧] ❻ three [⟦θ⟧ri:]

Ⓑ

❶ [ðæt] 댙 ❷ [θʌm] 떰
❸ [bri:ð] 브리:드 ❹ [mɔːθ] 모:뜨

발음 TIP ❸ [br]는 [b]의 ㅂ 소리와 [r]의 ㄹ 소리를 부드럽게 연결해 [브ㄹ]로 발음해요.

09 [ʃ] vs. [ʒ] ▸47쪽

Ⓐ

❶ bush [bu⟦ʃ⟧] ❷ vision [ví⟦ʒ⟧ən]
❸ beige [bei⟦ʒ⟧] ❹ mission [mí⟦ʃ⟧ən]
❺ sheep [⟦ʃ⟧i:p] ❻ treasure [tré⟦ʒ⟧ər]

Ⓑ

❶ [ʃeik] 쉐잌 ❷ [éiʒə] 에이줘
❸ [kæʃ] 캐쉬 ❹ [líːʒər] (을)리:줠

발음 TIP ❶ [ʃ(쉬)]와 [ei(ㅔ이)]가 만나면 '쉐이'로 소리 납니다. ❷ [ʒ(줘)]와 [ə(ㅓ)]가 만나면 '줘'로 소리 나요. ❹ 끝의 [ər]은 혀를 안쪽으로 말아 올려 '얼'로 발음하세요.

10 [ʧ] vs. [ʤ] ▸49쪽

Ⓐ

❶ chain [⟦ʧ⟧ein] ❷ badge [bæ⟦ʤ⟧]
❸ jeep [⟦ʤ⟧i:p] ❹ cheap [⟦ʧ⟧i:p]
❺ Jane [⟦ʤ⟧ein] ❻ batch [bæ⟦ʧ⟧]

Ⓑ

❶ [ʧi:k] 취:크 ❷ [ʤʌg] 줵
❸ [ti:ʧ] 티:취 ❹ [keiʤ] 케이쥐

발음 TIP ❶ [ʧ(취)]와 [i:(ㅣ:)]가 만나면 길게 '취:'로 발음해요. ❷ [ʤ(줘)]와 [ʌ(ㅓ)]가 만나면 '줘'로 소리 나요.

157

도전! 긴 단어 읽기　　▶50쪽

❶ [disíʒən] 디씨줜　　❷ [spéʃəl] 스페셜

❸ [dʒéntlmən] 줸틀먼　　❹ [ʧǽlindʒ] 챌린쥐

❺ [bǽθrùːm] 배뜨루:움　　❻ [ɔ́ːltəgéðər] 오:올터게덜

발음 TIP　❶ [ʒ(쥐)]와 [ə(ㅓ)]가 만나면 '줘'로 소리 나요. ❷ [sp]는 두 자음 소리를 연결해 '스프'로 소리 나며, [ʃ(쉬)]와 [ə(ㅓ)]가 만나면 '셔'로 소리 납니다. ❸ [-tl]은 '틀'로 발음하는데, 미국 발음은 '를'처럼 중간의 [t]를 ㄹ 소리로 발음하는 경향이 있어요.

도전! 문장 읽기　　▶51쪽

⑥ 더 맾 앤드 코움 아:알 마인

⑦ 아이 캔트 리:드 앤드 라잍 위다웉 (을)라잍

⑧ 디스 이즈 띤 앤드 스무:드

⑨ 더 베이쥐 쉬:프 이즈 인 더 부쉬

⑩ 줴인 해즈 어 취:프 배쥐

11 [h]　　▶53쪽

Ⓐ

❶ hat　[[h]æt]　　❷ hide　[[h]aid]

❸ horse [[h]ɔːrs]　　❹ hill　[[h]il]

❺ happy [[h]ǽpi]　　❻ house [[h]aus]

Ⓑ

❶ [hæv] 햅　　❷ [hai] 하이

❸ [houp] 호웊　　❹ [hévi] 헤비

발음 TIP　❶ 끝에 오는 [v]는 아랫입술에 윗니를 대고 ㅂ 소리를 가볍게 덧붙입니다. '해브'라고 강하게 발음하지 않도록 주의하세요.

12 [w]　　▶55쪽

Ⓐ

❶ wear [[w]ɛər]　　❷ wig [[w]ig]

❸ wet　[[w]et]　　❹ way [[w]ei]

❺ walk [[w]ɔːk]　　❻ win [[w]in]

Ⓑ

❶ [waʧ] 와취　　❷ [wul] 울

❸ [wiʃ] 위쉬　　❹ [wait] 와잍

발음 TIP　❶ [w(우)]와 [ɑ(ㅏ)]가 만나면 '와'로 소리 납니다. ❷ [w(우)]와 [u(ㅜ)]가 만나면 '우'로 소리 나는데, 그냥 [u(우)] 소리와는 차이가 있으므로 원어민 발음을 잘 듣고 따라해 보세요. ❸ [w(우)]와 [i(ㅣ)]가 만나면 '위'로 소리 나요.

13 [j]　　▶57쪽

Ⓐ

❶ yoga　[[j]óugə]　　❷ year [[j]iər]

❸ young [[j]ʌn]　　❹ yes [[j]es]

❺ yard　[[j]ɑːrd]　　❻ you [[j]u]

Ⓑ

❶ [jɔːn] 요:온　　❷ [juːθ] 유:뜨

❸ [jel] 옐　　❹ [lɔ́ːjər] (을)로:열

발음 TIP　❶ [j(이)]와 [ɔː(ㅗ:)]가 만나면 '여:'로 소리 나요. ❷ [j(이)]와 [uː(ㅜ:)]가 만나면 '유:'로 소리 나요. ❸ [j(이)]와 [e(ㅔ)]가 만나면 '예'로 소리 나요. ❹ [j(이)]와 [ər(얼)]이 만나면 '열'로 소리 나요.

14 [ŋ]　　▶59쪽

Ⓐ

❶ drink　[dri[ŋ]k]　　❷ ring　[ri[ŋ]]

❸ think　[θi[ŋ]k]　　❹ song [sɔ[ŋ]]

❺ wedding [wédi[ŋ]]　　❻ sing　[si[ŋ]]

Ⓑ

❶ [hæŋ] 행　　❷ [briŋ] 브링

❸ [bæŋk] 뱅크　　❹ [piŋk] 핑크

발음 TIP　❷ [br]는 '브ㄹ'로 소리 나요. ❸❹ [ŋ] 소리 뒤에 오는 [k]는 가볍게 '크' 소리를 덧붙이면 됩니다.

도전! 긴 단어 읽기　　▶60쪽

❶ [wíndou] 윈도우　　❷ [bihéivjər] 비헤입열

❸ [hístəri] 히스터리　　❹ [twíŋkl] 트윙클

❺ [jóugərt] 요우걸트　　❻ [lǽŋgwidʒ] (을)랭그위쥐

발음 TIP　❷ 모음 소리가 세 개이므로 '비-헤입-열'로 끊어 읽으세요. ❹ [tw]는 '트우'로 소리 나며, 끝의 [-kl]은 '클'로 발음해요. ❺ [j(이)]와 [ou(ㅗ우)]가 만나면 '요우'로 소리 나요. ❻ [gw]는 '그우'로 소리 나요.

도전! 문장 읽기 ▶61쪽

⑪ 더 해피 호:얼스 이즈 인 더 하우스

⑫ 아이 도운트 웨얼 어 웰 웍

⑬ 디드 유 두 요우거 인 더 야:알드

⑭ 데이 씽 어 쏘:옹 앹 어 웨딩

PART 3
모음 발음기호 익히기

01 [i] ▶67쪽

Ⓐ
❶ fix [f[i]ks]
❷ middle [m[i]dl]
❸ sit [s[i]t]
❹ kid [k[i]d]
❺ ink [[i]ŋk]
❻ twin [tw[i]n]

Ⓑ
❶ [dig] 딕
❷ [hit] 힡
❸ [il] 일
❹ [lid] (을)릳

발음 TIP ❸ 모음 소리 [i]로 시작하므로 '이'에 [l]의 ㄹ 소리를 받침으로 넣어 발음하세요.

02 [i:] ▶69쪽

Ⓐ
❶ beach [b[i:]ʧ]
❷ niece [n[i:]s]
❸ seat [s[i:]t]
❹ meet [m[i:]t]
❺ green [gr[i:]n]
❻ feel [f[i:]l]

Ⓑ
❶ [mi:l] 미:일
❷ [bi:t] 비:트
❸ [si:] 씨:
❹ [fi:ld] 피:일드

발음 TIP ❶ 모음 뒤의 [l]는 ㄹ을 받침소리로 넣어 발음하는데, 긴 '이:' 소리 뒤에 오므로 '미:일'에 가깝게 발음하세요. ❹ 끝의 [d]는 '드' 소리를 가볍게 덧붙여요.

03 [u] ▶71쪽

Ⓐ
❶ push [p[u]ʃ]
❷ look [l[u]k]
❸ cook [k[u]k]
❹ wolf [w[u]lf]
❺ full [f[u]l]
❻ good [g[u]d]

Ⓑ
❶ [buk] 북
❷ [fut] 풑
❸ [wud] 욷
❹ [pul] 풀

발음 TIP ❸ [w(우)]와 [u(ㅜ)]가 만나면 '우' 소리가 됩니다.

04 [u:] ▶73쪽

Ⓐ
❶ chew [ʧ[u:]]
❷ blue [bl[u:]]
❸ pool [p[u:]l]
❹ roof [r[u:]f]
❺ moon [m[u:]n]
❻ glue [gl[u:]]

Ⓑ
❶ [tu:b] 투:브
❷ [fu:d] 푸:드
❸ [flu:t] 플루:트
❹ [gru:p] 그루:프

발음 TIP ❶ tube를 미국에서는 '투:브', 영국에서는 '튜:브'라고 발음해요. ❸ [fl]는 '플ㄹ'로 소리 나요. ❹ [gr]는 '그ㄹ'로 소리 납니다.

05 [e] ▶75쪽

Ⓐ
❶ red [r[e]d]
❷ web [w[e]b]
❸ ten [t[e]n]
❹ desk [d[e]sk]
❺ hen [h[e]n]
❻ belt [b[e]lt]

Ⓑ
❶ [sel] 쎌
❷ [net] 넽
❸ [end] 엔드
❹ [men] 멘

발음 TIP ❸ 끝소리 [-nd]는 [n]의 ㄴ을 앞 모음 소리의 받침으로 넣고, [d]의 '드' 소리는 약하게 덧붙이면 됩니다.

도전! 긴 단어 읽기　▶76쪽

❶ [tékstbuk] 텍스트북　　❷ [bitwíːn] 비트위ː인

❸ [kənklúːd] 컨클루ː드　　❹ [éksələnt] 엑썰런트

❺ [divéləp] 디벨럽　　❻ [díkʃənèri] 딕셔네리

발음 TIP ❷ [tw]는 [트우]로 소리 나요. ❹ 끝소리 [-nt]는 'ㄴ트'로 소리 나요. 끝의 [t]는 약하게 '트' 소리를 덧붙이세요. ❻ [ʃ(쉬)]와 [ə(ㅓ)]가 만나면 '셔'로 소리 나요.

도전! 문장 읽기　▶77쪽

⓪❶ 더 킹 씰스 인 더 미들

⓪❷ 아이 미ː트 마이 니ː스 앹 더 비ː취

⓪❸ 더 쿡 (을)룩스 굳

⓪❹ 더 하우스 해즈 어 블루ː 루ː프 앤드 어 푸ː울

⓪❺ 어 레드 벨트 이즈 안 더 데스크

06 [æ]　▶79쪽

Ⓐ

❶ pack [p[æ]k]　　❷ apple [[æ]pl]

❸ man [m[æ]n]　　❹ sand [s[æ]nd]

❺ cat [k[æ]t]　　❻ fat [f[æ]t]

Ⓑ

❶ [ænt] 앤트　　❷ [pæs] 패스

❸ [tæp] 탶　　❹ [kætʃ] 캐취

발음 TIP ❷ 모음 뒤에 오는 [s]는 '스' 소리를 가볍게 덧붙이세요.

07 [ɑ]　▶81쪽

Ⓐ

❶ mom [m[ɑ]m]　　❷ stop [st[ɑ]p]

❸ top [t[ɑ]p]　　❹ wash [w[ɑ]ʃ]

❺ clock [kl[ɑ]k]　　❻ pot [p[ɑ]t]

Ⓑ

❶ [sak] 쌀　　❷ [hɑt] 핱

❸ [sab] 쌉　　❹ [drɑp] 드랖

발음 TIP ❶ [s]는 뒤에 모음이 오면 ㅆ으로 소리 나므로, '살'이 아니라 '쌀'에 가깝게 발음해요. ❹ [dr]는 '드ㄹ'로 소리 납니다.

08 [ʌ]　▶83쪽

Ⓐ

❶ mud [m[ʌ]d]　　❷ duck [d[ʌ]k]

❸ shut [ʃ[ʌ]t]　　❹ bug [b[ʌ]g]

❺ run [r[ʌ]n]　　❻ up [[ʌ]p]

Ⓑ

❶ [sʌn] 썬　　❷ [kʌt] 컽

❸ [bʌd] 벋　　❹ [fʌn] 펀

발음 TIP ❶❹ 모음 뒤에 오는 [n]는 ㄴ 받침소리처럼 발음해요.

09 [ə]　▶85쪽

Ⓐ

❶ sofa [sóuf[ə]]　　❷ salad [sǽl[ə]d]

❸ oval [óuv[ə]l]　　❹ carrot [kǽr[ə]t]

❺ button [bʌt[ə]n]　　❻ alone [[ə]lóun]

Ⓑ

❶ [ʌvən] 어번　　❷ [əgóu] 어고우

❸ [láiən] (을)라이언　　❹ [túːnə] 투ː너

발음 TIP ❶ 처음에 오는 [ʌ]는 강한 '어', 뒤에 오는 [ə]는 약한 '어' 소리입니다.

10 [ɔː]　▶87쪽

Ⓐ

❶ pause [p[ɔː]z]　　❷ long [l[ɔː]n]

❸ mall [m[ɔː]l]　　❹ saw [s[ɔː]]

❺ dawn [d[ɔː]n]　　❻ talk [t[ɔː]k]

B

❶ [sɔːs] 쏘ː스　　　❷ [lɔː] (을)로ː

❸ [kɔːf] 코ː프　　　❹ [fɔːlt] 포ː올트

발음 TIP ❶ 끝의 [s]는 '스' 소리를 약하게 덧붙이세요. ❹ 끝소리 [-lt]는 앞 모음 소리에 ㄹ을 받침처럼 넣은 후, [t]는 가볍게 '트' 소리를 내요.

도전! 긴 단어 읽기

▶88쪽

❶ [sʌ́mwʌn] 썸원　　　❷ [prínsəpəl] 프린써펄

❸ [mǽksəməm] 맥써멈　　　❹ [prábləm] 프라블럼

❺ [blákbʌ̀stər] 블락버스털　　　❻ [hɔ́ːrəbl] 호ː러블

발음 TIP ❶ [w(우)]와 [ʌ(ㅓ)]가 만나면 '워'로 소리 나요. ❺ [bl]는 '블ㄹ'로 발음해요. ❻ 끝에 오는 [-bl]은 '블'로 소리 나요.

도전! 문장 읽기

▶89쪽

⑥ 더 맨 해즈 어 팥 캪

⑦ 마이 맘 윌 와쉬 더 팥

⑧ 더 덕 코ː트 어 벅 인 더 멑

⑨ 아이 이ː트 캐럳 쌜럳 얼로운

⑩ 위 해드 어 (을)로ː옹 토ː크 앹 더 모ː올

---

11 [ai]

▶91쪽

A

❶ wife　[w[ai]f]　　　❷ dice [d[ai]s]

❸ ice　[[ai]s]　　　❹ my　[m[ai]]

❺ knight [n[ai]t]　　　❻ like [l[ai]k]

B

❶ [bait] 바잍　　　❷ [raid] 라읻

❸ [daiv] 다입　　　❹ [fail] 파일

발음 TIP ❸ 끝소리 [v]는 아랫입술에 윗니를 대고 가볍게 '브' 소리를 내세요.

---

12 [ei]

▶93쪽

A

❶ cake [k[ei]k]　　　❷ aid　[[ei]d]

❸ gray [gr[ei]]　　　❹ train [tr[ei]n]

❺ snail [sn[ei]l]　　　❻ day [d[ei]]

B

❶ [sei] 쎄이　　　❷ [weit] 웨잍

❸ [meik] 메잌　　　❹ [peint] 페인트

발음 TIP ❹ 끝소리 [-nt]는 ㄴ을 받침소리로 넣은 다음, '트' 소리를 약하게 덧붙이세요.

---

13 [au]

▶95쪽

A

❶ cow　[k[au]]　　　❷ mouth [m[au]θ]

❸ cloud [kl[au]d]　　　❹ brown [br[au]n]

❺ shout [ʃ[au]t]　　　❻ owl　[[au]l]

B

❶ [taun] 타운　　　❷ [sauθ] 싸우뜨

❸ [raund] 라운드　　　❹ [fraun] 프라운

발음 TIP ❸ 끝소리 [-nd]는 ㄴ을 받침소리로 넣은 다음, '드' 소리를 약하게 덧붙이세요. ❹ [fr]는 '프ㄹ'로 소리 나요.

---

14 [ou]

▶97쪽

A

❶ road [r[ou]d]　　　❷ low　[l[ou]]

❸ go　[g[ou]]　　　❹ slow [sl[ou]]

❺ toad [t[ou]d]　　　❻ soap [s[ou]p]

B

❶ [tou] 토우　　　❷ [boul] 보울

❸ [gould] 고울드　　　❹ [nǽrou] 내로우

발음 TIP ❸ 끝소리 [-ld]는 ㄹ을 앞 모음 소리의 받침으로 넣은 다음, '드' 소리를 약하게 덧붙여요.

15 [ɔi]
▸99쪽

A

❶ boy [b[ɔi]]　　　❷ annoy [ən[ɔi]]

❸ toy [t[ɔi]]　　　❹ point [p[ɔi]nt]

❺ oil [[ɔi]l]　　　❻ noisy [n[ɔi]zi]

B

❶ [sɔi] 쏘이　　　❷ [kɔin] 코인

❸ [spɔil] 스포일　　　❹ [indʒɔi] 인조이

발음 TIP ❸ [sp]는 '스프'로 소리 납니다. [s]가 자음 소리 앞에 올 때는 '쓰'로 발음하지 않으니 주의하세요. ❹ [dʒ(쥐)]와 [ɔi(ㅗ이)]가 만나면 '조이'가 되는데, 입술을 동그랗게 오므려 내민 상태에서 발음하세요.

도전! 긴 단어 읽기
▸100쪽

❶ [dáinəmàit] 다이너마잍　　　❷ [veikéiʃən] 베이케이션

❸ [pətéitou] 퍼테이토우　　　❹ [autgóuiŋ] 아웉고우잉

❺ [nóutisəbl] 노우티써블　　　❻ [pɔ́izənəs] 포이저너스

발음 TIP ❷ [ʃ(쉬)]와 [ə(ㅓ)]가 만나면 '셔'로 소리 나요. ❺ 끝의 [-bl]은 '블로 소리 나요.

도전! 문장 읽기
▸101쪽

⓫ 아이 (을)라잌 마이 와잎

⓬ 어 그레이 스네일 이즈 인 더 트레인

⓭ 아이 햅 어 브라운 카우 앤드 언 아울

⓮ 어 토운 고우즈 다운 더 로운

⓯ 더 보이 해즈 어 노이지 토이

16 [ɑːr]
▸103쪽

A

❶ car [k[ɑːr]]　　　❷ art [[ɑːr]t]

❸ star [st[ɑːr]]　　　❹ jar [dʒ[ɑːr]]

❺ park [p[ɑːr]k]　　　❻ hard [h[ɑːr]d]

B

❶ [kɑːrd] 카:알드　　　❷ [bɑːr] 바:알

❸ [dɑːrk] 다:알크　　　❹ [ɑ́ːrmi] 아:알미

발음 TIP ❶ 끝에 오는 [d]는 약하게 '드' 소리를 덧붙이세요.
❸ 끝의 [k]는 약하게 [크] 소리를 뒤에 덧붙이세요.

17 [əːr]
▸105쪽

A

❶ turtle [t[əːr]tl]　　　❷ nurse [n[əːr]s]

❸ dirty [d[ə́ːr]ti]　　　❹ earth [[əːr]θ]

❺ bird [b[əːr]d]　　　❻ shirt [ʃ[əːr]t]

B

❶ [wəːrd] 워:얼드　　　❷ [pəːrs] 퍼:얼스

❸ [fəːrst] 퍼:얼스트　　　❹ [skəːrt] 스커:얼트

발음 TIP ❷ 끝에 오는 [s]는 뒤에 약하게 '스' 소리를 덧붙여요.
❸ 끝에 오는 [-st]는 약하게 '스트' 소리를 덧붙이세요.

18 [ər]
▸107쪽

A

❶ mother [mʌð[ər]]　　　❷ butter [bʌt[ər]]

❸ doctor [dɑkt[ər]]　　　❹ fever [fíːv[ər]]

❺ dinner [dín[ər]]　　　❻ tiger [táig[ər]]

B

❶ [wɔ́ːtər] 워:털　　　❷ [kʌ́vər] 커벌

❸ [péipər] 페이펄　　　❹ [ǽktər] 액털

발음 TIP ❶ [w(우)]와 [ɔː(ㅗː)]가 만나면 '워:'로 소리 나요. ❹ 모음 소리 뒤에 오는 [k]는 ㅋ 받침소리처럼 발음하세요.

19 [ɔːr]
▸109쪽

A

❶ sore [s[ɔːr]]　　　❷ four [f[ɔːr]]

❸ store [st[ɔːr]]　　　❹ pork [p[ɔːr]k]

❺ short [ʃ[ɔːr]t]　　　❻ port [p[ɔːr]t]

B

❶ [sɔːrt] 쏘:얼트　　　❷ [bɔːrd] 보:얼드

❸ [dɔːr] 도:얼　　　❹ [nɔːrθ] 노:얼뜨

발음 TIP ❶ 끝에 오는 [t]는 뒤에 약하게 '트' 소리를 덧붙이세요.
❹ 끝에 오는 [θ]는 혀를 윗니와 아랫니 사이에 넣어 '뜨' 하고 발음해요.

도전! 긴 단어 읽기 ▶110쪽

❶ [bə́ːrθdèi] 버:얼뜨데이　❷ [blǽkbɔ̀ːrd] 블랙보:얼드
❸ [kəmpjúːtər] 컴퓨:털　❹ [fɔ́ːrwərd] 포:얼월드
❺ [prizə́ːrv] 프리저:얼브　❻ [əpáːrtmənt] 어파:알트먼트

발음 TIP ❷ [bl]는 [블ㄹ]로 소리 납니다. ❸ 자음 뒤에 [juː(유:)]가 오면, 자음 소리에 ㅠ를 넣어서 발음하면 됩니다. 그래서 [pju:]는 'ㅍ + ㅠ: = 퓨:'가 됩니다.

도전! 문장 읽기 ▶111쪽

⑯ 위 고우 투 디 아:알트 파:알크 바이 카:알
⑰ 더 너:얼스 와쉬즈 어 더:얼티 셔:얼트
⑱ 더 닥털 해드 디널 위드 헐 머덜
⑲ 데얼 아:알 포:얼 쇼:얼트 킫즈 인 더 스토:얼

20 [ɛər] ▶113쪽

Ⓐ
❶ bear [b ɛər]　❷ pear [p ɛər]
❸ stare [st ɛər]　❹ hair [h ɛər]
❺ chair [ʧ ɛər]　❻ air [ɛər]

Ⓑ
❶ [fɛər] 페얼　❷ [ʃɛər] 쉐얼
❸ [skɛər] 스케얼　❹ [ripɛ́ər] 리페얼

발음 TIP ❷ [ʃ(쉬)]와 [ɛər(에얼)]이 만나면 '쉐얼'로 소리 납니다. ❸ [sk]는 두 소리를 자연스럽게 이어 '스ㅋ'로 발음해요.

21 [iər] ▶115쪽

Ⓐ
❶ clear [kl iər]　❷ ear [iər]
❸ fear [f iər]　❹ tear [t iər]
❺ near [n iər]　❻ deer [d iər]

Ⓑ
❶ [hiər] 히얼　❷ [biərd] 비얼드
❸ [riər] 리얼　❹ [kəríər] 커리얼

발음 TIP ❷ 끝소리 [d]는 가볍게 '드' 소리를 덧붙이세요.

22 [uər] ▶117쪽

Ⓐ
❶ pure [pj uər]　❷ hour [a uər]
❸ cure [kj uər]　❹ sour [sa uər]
❺ sure [ʃ uər]　❻ poor [p uər]

Ⓑ
❶ [luər] (을)루얼　❷ [əʃúər] 어슈얼
❸ [flauər] 플라우얼　❹ [məʧúər] 머츄얼

발음 TIP ❸ 모음 소리가 하나인 1음절 단어입니다. [auər]는 한 번의 호흡으로 '아우얼'이라고 발음하세요. ❹ [ʧ(취)]와 [uər(ㅜ얼)]이 만나면 '츄얼'로 소리 나요.

도전! 긴 단어 읽기 ▶118쪽

❶ [kɛ́ərfəli] 케얼펄리　❷ [sikjúər] 씨큐얼
❸ [ǽtməsfìər] 앹머스피얼　❹ [vὰləntíər] 발런티얼
❺ [mǽnekjùər] 매네큐얼　❻ [náitmɛər] 나잍메얼

발음 TIP ❶❹ 중간에 낀 [l]는 앞 모음과 뒤의 모음 소리에 모두 영향을 줍니다. '케얼퍼리'가 아니라 '케얼펄리', '바런티얼'이 아니라 '발런티얼'이므로 발음에 주의하세요. ❷ [k]의 ㅋ 소리가 [ju(유)]를 만나면 '큐'로 소리 나요.

도전! 문장 읽기 ▶119쪽

⑳ 더 베얼 스테얼즈 앹 어 페얼
㉑ 더 디얼 드랖스 어 티얼 위드 피얼
㉒ 아임 슈얼 아이 캔 큐얼 더 푸얼 보이

PART 4
영단어 발음기호 연습하기

01 과일 ▶124쪽

❶ [bənǽnə] 버내너
❷ [gréipfrùt] 그레잎프룿
❸ [tǽndʒəríːn] 탠줘리ː인
❹ [mǽŋgou] 맹고우
❺ [strɔːbèri] 스트로ː베리
❻ [pəːrsímən] 퍼ː얼씨먼
❼ [wɔ́tərmèlən] 워털멜런
❽ [ǽprəkæt] 애프러캍

발음 TIP ❸ [dʒ(쥐)]가 [ə(ㅓ)]를 만나 '줘'로 소리 나요. ❺ [str]는 세 자음 소리를 이어 '스트ㄹ'로 소리 나요. ❼ [w(우)]와 [ɔː(ㅗː)]가 만나면 '워ː'로 소리 나요.

02 채소 ▶125쪽

❶ [létis] (을)레티스
❷ [égplænt] 엑플랜트
❸ [pʎmpkin] 펌프킨
❹ [mʎʃruːm] 머쉬루ː움
❺ [gáːrlik] 가ː알릭
❻ [spínitʃ] 스피니취
❼ [kjúːkʎmbər] 큐ː컴벌
❽ [brákəli] 브라컬리

발음 TIP ❹ [ruːm]에서 [uː]는 긴 '우ː' 소리이므로 '루ː움'으로 길게 발음해요. ❼ [k]와 [juː]가 만나면 '큐ː'가 됩니다.

03 음식 ▶126쪽

❶ [núːdl] 누ː들
❷ [spəgéti] 스퍼게티
❸ [védʒtəbl] 베쥐터블
❹ [steik] 스테잌
❺ [sɔ́ːsidʒ] 쏘ː씨쥐
❻ [síriəl] 씨리얼
❼ [sǽndwitʃ] 쌘드위취
❽ [hǽmbəːrgər] 햄버ː얼걸

발음 TIP ❶ 끝소리 [-dl]은 '들'로 소리 나요. ❺ 모음 앞에 오는 [s]는 ㅆ으로 소리 나므로, '소ː시쥐'가 아니라 '쏘ː씨쥐'에 가깝게 발음해요. ❼ [w(우)]와 [i(ㅣ)]가 만나면 '위'로 소리 나요.

04 문구 ▶127쪽

❶ [iréisər] 이레이썰
❷ [kréian] 크레이안
❸ [rúːlər] 루ː울럴
❹ [sízərz] 씨절즈
❺ [énvəlòup] 엔벌로웊
❻ [háilàitər] 하일라이털
❼ [kǽlkjulèitər] 캘큘레이털
❽ [pénsəl] 펜썰

발음 TIP ❷ 모음 소리가 [ei]와 [ɑ] 두 개인 2음절 단어로, '크레이-안'으로 끊어 읽어요. ❼ [k]와 [ju]가 만나면 '큐' 소리가 돼요.

05 가구와 가전 ▶128쪽

❶ [wɔ́ːrdroub] 워ː얼드로웊
❷ [drɔːr] 드로ː얼
❸ [kǽbinət] 캐비넡
❹ [kautʃ] 카우취
❺ [kʎbərd] 커벌드
❻ [kréidl] 크레이들
❼ [wɑ́ʃiŋ məʃíːn] 와쉬 머쉬ː인
❽ [rifrídʒərèitər] 리프리줘레이털

발음 TIP ❷ [dr]는 두 소리를 연결해 '드ㄹ'로 발음해요. ❻ 단어 끝의 [-dl]은 '들'로 발음해요. ❼ [iː]는 길게 '이ː'로 발음하므로 '머쉰'이 아니라 '머쉬ː인'으로 길게 발음해요. ❽ [dʒ(쥐)]와 [ə(ㅓ)]가 만나면 '줘' 소리가 됩니다.

06 집안의 물건 ▶129쪽

❶ [kǽləndər] 캘런덜
❷ [lóuʃən] (을)로우션
❸ [ʌmbrélə] 엄브렐러
❹ [hǽmər] 해멀
❺ [blǽŋkit] 블랭킽
❻ [pílou] 필로우
❼ [bǽndidʒ] 밴디쥐
❽ [lɔ́ːndri] (을)로ː온드리

발음 TIP ❷ [ʃ(쉬)]와 [ə(ㅓ)]가 만나면 '셔'로 소리 나요. ❺ [bl]는 '블ㄹ'로 소리 납니다.

07 악기 ▶130쪽

❶ [vàiəlín] 바이얼린
❷ [trʎmpit] 트럼핕
❸ [gitáːr] 기타ː알
❹ [hɑːrmánikə] 하ː알마니커
❺ [tǽmbəríːn] 탬버리ː인
❻ [záiləfòun] 자일러포운
❼ [piǽnou] 피애노우
❽ [rikɔ́ːrdər] 리코ː얼덜

발음 TIP ❺ [iː]는 긴 '이ː' 소리이므로 길게 '리ː인'으로 발음해요. ❼ 모음 소리가 세 개인 3음절 단어로, '피-애-노우'로 끊어 읽으면 됩니다.

08 스포츠
▶131쪽

❶ [swímiŋ] 스위밍　　　❷ [sákər] 싸컬
❸ [bóuliŋ] 보울링　　　❹ [válibɔ̀:l] 발리보:올
❺ [béisbɔ̀:l] 베이스보:올　❻ [bǽskitbɔ̀:l] 배스킽보:올
❼ [mǽrəθàn] 매러딴　　❽ [á:rtʃəri] 아:알쳐리

발음 TIP　❶ [sw]는 '스우'로 발음해요. ❸ 중간에 낀 [l]는 앞 모음과 뒤 모음 소리에 모두 영향을 주므로, '보우링'이 아니라 '보울링'으로 발음하세요. ❽ [tʃ(취)]와 [ə(ㅓ)]가 만나면 '쳐'로 소리 나요.

09 색깔
▶132쪽

❶ [pə́:rpl] 퍼:얼플　　❷ [jélou] 옐로우
❸ [sílvər] 씰벌　　　❹ [blæk] 블랙
❺ [ɔ́:rindʒ] 오:린쥐　　❻ [kǽki] 캐키
❼ [bə́:rgəndi] 버:얼건디　❽ [émərəld] 에머럴드

발음 TIP　❷ [j(이)]와 [e(에)]가 만나면 '예'로 소리 나요. ❽ 끝에 오는 [-ld]는 '르드'로 소리 나요.

10 모양
▶133쪽

❶ [sə́:rkl] 써:얼클　　❷ [tráiæŋgl] 트라이앵글
❸ [skwɛər] 스크웨얼　❹ [réktæŋgl] 렉탱글
❺ [dáiəmənd] 다이어먼드　❻ [péntəgàn] 펜터간
❼ [héksəgən] 헥써건　　❽ [krɔ:s] 크로:스

발음 TIP　❶ [-kl]은 '클로 소리 나요. ❷ [-gl]은 '글'로 소리 나요. ❸ [skw]는 세 자음 소리를 연속으로 이어 '스크우'로 발음해요. ❺ [-nd]는 'ㄴ드'로 소리 나요.

11 의류
▶134쪽

❶ [húdi] 후디　　　❷ [swímsù:t] 스윔쑤:트
❸ [swétər] 스웨털　❹ [dʒi:nz] 쥐:인즈
❺ [ká:rdigən] 카:알디건　❻ [bǽθròub] 배뜨로웁
❼ [jú:nəfɔ̀:rm] 유:너포:얼음　❽ [pədʒá:məz] 퍼좌:머즈

발음 TIP　❷❸ [sw]에서 [w] 앞에 오는 [s]는 '쓰'가 아닌 '스'로 소리 납니다. ❹ [dʒ(쥐)]와 i:(ㅣ:)]가 만나면 '쥐:' 소리가 나요. ❼ [r] 뒤에 오는 [m]는 끝에 '음' 소리를 덧붙이세요. ❽ [dʒ(쥐)]와 [ɑ(ㅏ)]가 만나면 '좌'로 소리 나요.

12 액세서리
▶135쪽

❶ [néklis] 네클리스　　❷ [íəriŋz] 이어링즈
❸ [bréislit] 브레이슬맅　❹ [mitnz] 미튼즈
❺ [sʌ́ŋglæsiz] 썬글래씨즈　❻ [wálit] 왈맅
❼ [héərpìn] 헤얼핀　　❽ [æksésəri] 액쎄써리

발음 TIP　❶ [kl]는 '클로' 소리 나므로, '네크리스'가 아니라 '네클리스'라고 발음해요. ❸ [br]는 '브르', [sl]는 '슬르'로 소리 납니다. ❺ [gl]는 '글로'로 소리 나요.

13 마을 주변 장소
▶136쪽

❶ [láibrèri] (을)라이브레리　❷ [mju:zí:əm] 뮤:지:엄
❸ [háspitl] 하스피틀　　❹ [réstərənt] 레스터런트
❺ [béikəri] 베이커리　　❻ [pəlí:s stèiʃən] 펄리:스 스테이션
❼ [póust ɔ̀:fis] 포우스트 오:피스 ❽ [stéidiəm] 스테이디엄

발음 TIP　❷ [m]와 [ju:]가 만나면 '뮤:' 소리가 돼요. ❸ [-tl]은 '틀'로 소리 나요. ❼ 끝소리 [-st]는 가볍게 '스트'로 발음해요. ❽ 모음 소리가 [ei], [i], [ə] 3개로, '스테이-디-엄'으로 끊어 읽으세요.

14 학교 시설
▶137쪽

❶ [klǽsrù:m] 클래스루:움　❷ [ɔ̀:ditɔ́:riəm] 오:디토:리엄
❸ [kæfətíəriə] 캐퍼티어리어　❹ [réstrù:m] 레스트루:움
❺ [pléigràund] 플레이그라운드 ❻ [rʌ́niŋ træk] 러닝 트랙
❼ [wáitbɔ̀:rd] 와잍보:얼드　❽ [lákər] (을)라컬

발음 TIP　❶ [kl]는 '클로' 소리 나요. ❺ [pl]는 '플르'로 소리 나요. ❼ [w(우)]와 [ai(ㅏ이)]가 만나면 '와이'로 소리 나요.

15 교통
▶138쪽

❶ [sʌ́bwèi] 썹웨이　　❷ [báisikl] 바이씨클
❸ [éərplèin] 에얼플레인　❹ [féri] 페리
❺ [tǽksi] 택씨　　　❻ [hélikàptər] 헬리캎털
❼ [sʌ́bmərí:n] 썹머리:인　❽ [æmbjuləns] 앰뷸런스

발음 TIP　❷ 끝소리 [-kl]은 '클로' 발음해요. ❸ [pl]는 '플르'로 소리 납니다. ❽ [b(ㅂ)]와 [ju(유)]가 만나면 '뷰' 소리가 돼요.

16 신체 부위
▶139쪽

❶ [tʌŋ] 텅　　　　　　❷ [élbou] 엘보우
❸ [rist] 리스트　　　　❹ [fíŋgər] 핑걸
❺ [æŋkl] 앵클　　　　　❻ [ʃóuldər] 쇼울덜
❼ [stʌ́mək] 스터먹　　　❽ [áibràu] 아이브라우

발음 TIP　❸ 끝소리 [-st]는 가볍게 '스트' 하고 발음해요. ❻ [ʃ(쉬)]와 [ou(ㅗ우)]가 만나면 '쇼우'로 소리 나요.

17 자연 1
▶140쪽

❶ [klif] 클맆　　　　　❷ [médou] 메도우
❸ [dézərt] 데절트　　　❹ [wɔ́ːtərfɔ̀ːl] 워:털포:올
❺ [ʤʌ́ŋgl] 쳥글　　　　❻ [ouéisis] 오우에이씨스
❼ [fɔ́ːrist] 포:리스트　　❽ [máuntən] 마운턴

발음 TIP　❶ [kl]는 '클ㄹ'로 소리 납니다. ❺ [ʤ(쥐)]와 [ʌ(ㅓ)]가 만나면 '줘'로 소리 나요. ❻ 모음 소리가 [ou], [ei], [i] 3개로, '오우-에이-씨스'로 끊어 발음하세요.

18 자연 2
▶141쪽

❶ [plænit] 플래닡　　　❷ [áilənd] 아일런드
❸ [swɑmp] 스왐프　　　❹ [væli] 밸리
❺ [gléiʃər] 글레이셜　　　❻ [óuʃən] 오우션
❼ [vɑlkéinou] 발케이노우　❽ [ə́ːrθkweik] 어:얼뜨크웨익

발음 TIP　❺ [gl]는 '글ㄹ'로 발음하고, [ʃ(쉬)]는 [ə(ㅓ)]와 만나 '셔'로 소리 나요. ❽ [kweik]에서 [k]는 '크'로 소리 나고 [w(우)]는 [ei(에이)]와 만나 '웨이'로 소리 나요.

19 식물
▶142쪽

❶ [ɔ́ːrkid] 오:얼킫　　　❷ [lóutəs] (을)로우터스
❸ [bæmbúː] 뱀부:　　　❹ [dǽfədìl] 대퍼딜
❺ [lǽvəndər] (을)래번덜　❻ [dǽndəlàiən] 댄덜라이언
❼ [kǽktəs] 캑터스　　　❽ [tʃéri blásəmz] 췌리 블라썸즈

발음 TIP　❻ 중간에 낀 [l]는 앞 모음과 뒤의 모음 소리에 모두 영향을 주므로, '댄더라이언'이 아니라 '댄덜라이언'으로 발음해요. ❽ [tʃ(취)]와 [e(ㅔ)]가 만나면 '췌'로 소리 납니다.

20 동물
▶143쪽

❶ [éləfənt] 엘러펀트　　❷ [ʤərǽf] 쥐랲
❸ [krákədàil] 크라커다일　❹ [skwə́ːrəl] 스크워:럴
❺ [rækúːn] 래쿠:운　　　❻ [lépərd] (을)레펄드
❼ [péŋgwin] 펭그윈　　　❽ [héʤhɑg] 헤쥐학

발음 TIP　❶ 끝소리 [t]는 약하게 덧붙이듯 발음하세요. ❹ [skw]에서 앞의 [sk]는 '스크' 하고 소리 나고, [w(우)]는 [ə(ㅓː)]와 만나 '워:'로 소리 납니다. ❼ [gw]는 '그우'로 소리 나는데, '펭그윈'을 빠르게 발음하면 '펭귄'이 되죠.

21 곤충
▶144쪽

❶ [kríkit] 크리킽　　　　❷ [kǽtərpìlər] 캐털필럴
❸ [sikéidə] 씨케이더　　　❹ [bíːtl] 비:틀
❺ [bʌ́tərflài] 버털플라이　　❻ [məskíːtou] 머스키:토우
❼ [grǽshɔ̀pər] 그래스하펄　❽ [drǽgənflài] 드래건플라이

발음 TIP　❹ 끝소리 [-tl]은 '틀'로 소리 나요. ❺ [fl]은 '플ㄹ'로 소리 나요.

22 날씨와 기상
▶145쪽

❶ [réinbòu] 레인보우　　❷ [ʃáuər] 샤우얼
❸ [draut] 드라웉　　　　❹ [flʌd] 플러드
❺ [láitniŋ] (을)라잍닝　　❻ [tɔːrnéidou] 토:얼네이도우
❼ [stɔ́ːrm] 스토:얼음　　　❽ [blízərd] 블리절드

발음 TIP　❷ [ʃ(쉬)]와 [au(아우)]가 만나면 '샤우'로 소리 나요. ❼ [r] 뒤에 오는 [m]는 끝에 '음' 소리를 덧붙이면 됩니다. ❽ [bl]는 '블ㄹ'로 소리 나요.

23 월과 계절 1
▶146쪽

❶ [ʤǽnjuèri] 좨뉴에리　❷ [fébruèri] 페브루에리
❸ [mɑːrtʃ] 마:알취　　　❹ [éiprəl] 에이프럴
❺ [mei] 메이　　　　　　❻ [ʤuːn] 쥬:운
❼ [ʤuːlái] 쥬:울라이　　　❽ [ɔ́ːgəst] 오:거스트

발음 TIP　❶ [ʤ(쥐)]와 [æ(ㅐ)]가 만나면 '좨'로 소리 나요. ❻ [ʤ(쥐)]와 [uː(ㅜ:)]가 만나면 '쥬:'로 소리 나요. ❽ 끝소리 [-st]는 가볍게 '스트' 소리를 덧붙입니다.

24 월과 계절 2
▶147쪽

❶ [septémbər] 쎕템벌   ❷ [ɑktóubər] 악토우벌
❸ [nouvémbər] 노우벰벌   ❹ [disémbər] 디쎔벌
❺ [spriŋ] 스프링   ❻ [sʌ́mər] 써멀
❼ [fɔːl] 포:올   ❽ [wíntər] 윈털

> **발음 TIP** ❺ [spr]는 '스프ㄹ'로 세 자음 소리를 연이어서 발음해요. ❻ '썸멀'이 아니라 '써멀'이므로 주의하세요.

25 직업
▶148쪽

❶ [stjuːdənt] 스튜:던트   ❷ [ǽθliːt] 애뜰리:트
❸ [ɑ́ːrkitèkt] 아:알키텍트   ❹ [ǽstrənɔ̀ːt] 애스트러노:트
❺ [dʒʌ́dʒ] 줘쥐   ❻ [ditéktiv] 디텍팁
❼ [sóuldʒər] 쏘울줠   ❽ [èndʒiníər] 엔쥐니얼

> **발음 TIP** ❶ [-nt]는 'ㄴ트'로 발음해요. ❺ [dʒ(쥐)]와 [ʌ(ㅓ)]가 만나면 '줘'로 소리 나요. ❼ [dʒ(쥐)]와 [ər(얼)]이 만나면 '줠'로 소리 납니다.

26 추상 명사
▶149쪽

❶ [hǽpinis] 해피니스   ❷ [trʌst] 트러스트
❸ [péiʃəns] 페이션스   ❹ [driːm] 드리:임
❺ [èdʒukéiʃən] 에쥬케이션   ❻ [kjùəriásəti] 큐어리아써티
❼ [ǽnisti] 아니스티   ❽ [əbdʒéktiv] 업쥊팁

> **발음 TIP** ❸ [ʃ(쉬)]와 [ə(ㅓ)]가 만나면 '셔'로 소리 나요. ❺ [dʒ(쥐)]와 [u(ㅜ)]가 만나면 '쥬'로 소리 나요. ❻ [k(ㅋ)]와 [ju(유)]가 만나면 '큐'로 소리 나요. ❽ [dʒ(쥐)]와 [e(ㅔ)]가 만나면 '쥊'로 소리 나요.

27 성격
▶150쪽

❶ [ǽktiv] 액팁   ❷ [fʌ́ni] 퍼니
❸ [fréndli] 프렌들리   ❹ [tɔ́ːkətiv] 토:커팁
❺ [sélfiʃ] 쎌피쉬   ❻ [gríːdi] 그리:디
❼ [kɛ́ərfəl] 케얼펄   ❽ [kánfədənt] 칸퍼던트

> **발음 TIP** ❸ [fr]는 '프ㄹ'로 소리 나요. ❽ 끝소리 [-nt]는 'ㄴ트'로 소리 나요.

28 사람의 상태
▶151쪽

❶ [hʌ́ŋgri] 헝그리   ❷ [θə́ːrsti] 떠:얼스티
❸ [skɛərd] 스케얼드   ❹ [iksáitid] 익싸이틷
❺ [taiərd] 타이얼드   ❻ [nə́ːrvəs] 너:얼버스
❼ [sərpráizd] 썰프라이즈드   ❽ [hélθi] 헬띠

> **발음 TIP** ❸ [sk]는 '스ㅋ'로 소리 나요. ❹❼ 끝에 오는 [d]는 약하게 '드' 소리를 덧붙이세요.

29 동사 1
▶152쪽

❶ [ləːrn] (을)러:얼은   ❷ [ǽnsər] 앤썰
❸ [rimémbər] 리멤벌   ❹ [fərgét] 펄겥
❺ [bilíːv] 빌리:브   ❻ [əpálədʒàiz] 어팔러좌이즈
❼ [prǽktis] 프랙티스   ❽ [iksplɔ́ːr] 익스플로얼

> **발음 TIP** ❶ [r] 뒤에 오는 [n]는 끝에 가볍게 '은' 소리를 덧붙여 발음하세요. ❻ [dʒ(쥐)]와 [ai(ㅏ이)]가 만나면 '좌이'로 소리 나요. ❽ [pl]는 '플ㄹ'로 소리 나요.

30 동사 2
▶153쪽

❶ [tʃuːz] 츄:즈   ❷ [læf] (을)랲
❸ [breik] 브레익   ❹ [θrou] 뜨로우
❺ [əbzə́ːrv] 업저:얼브   ❻ [dékərèit] 데커레잍
❼ [imǽdʒin] 이매쥔   ❽ [diskʌ́vər] 디스커벌

> **발음 TIP** ❶ [tʃ(취)]와 [uː(ㅜ:)]가 만나면 '츄:'로 소리 나요. ❹ [θr]는 혀를 윗니와 아랫니 사이에 넣어 [θ] 발음을 한 상태에서 [r]의 ㄹ 발음과 연결해 '뜨ㄹ'로 발음해요. ❼ [dʒ(쥐)]와 [i(ㅣ)]가 만나면 '쥔'로 소리 나요.